Weitere Titel siehe letzte Seite.

Ein WAS IST WAS Buch

Die alten Griechen

Von Gerhard Fink

Illustriert von Peter Klaucke

TESSLOFF

Vorwort

Das alte Griechenland war kein Staat wie unsere Bundesrepublik oder wie Frankreich, sondern eine merkwürdige Ansammlung vieler selbstständiger Städte und Städtchen mit oft nur bescheidenem Grundbesitz.

Wenn die freiheitsdurstigen und streitsüchtigen Griechen gerade keinen äußeren Feind abwehren mussten, machten sie sich gegenseitig die Hölle heiß, entweder im Krieg oder – noch lieber – auf dem Sportplatz. Den Sport haben sie nämlich erfunden. Ihre großen Sportfeste fanden in Olympia und an vielen anderen Orten statt.

Außerdem waren sie begeisterte Geschichtenerzähler und geborene Schauspieler – kein Wunder: Der erste und vielleicht der größte Dichter Europas, Homer, war Grieche! Seine herrlichen Geschichten, die Ilias und die Odyssee, faszinieren uns heute noch genau so wie vor fast dreitausend Jahren.

Homer erzählt uns vom langen Kampf um die feste Stadt Troja, vom klugen Odysseus, dem Gesang der Sirenen, dem einäugigen Menschenfresser Polyphem und von Göttern, die sich ganz wie Menschen benehmen.

Homers Dichtungen, der Sport, die großen Feste, das Theater und die gemeinsame Sprache waren die festen Klammern, die die verschiedenen griechischen Stadtstaaten zusammenhielten.

Denn: Grieche zu sein war nach Meinung der alten Griechen eine tolle Sache; darauf waren sie sehr stolz und rümpften die Nase über den Rest der Welt, über die unverständlich daherbrabbelnden „Barbaren".

Alexander der Große, der in wenigen Jahren ein Weltreich erobert und die griechische Sprache zur Weltsprache gemacht hat, gründete 16 neue Städte, die er alle Alexandria nannte. Die bedeutendste war Alexandria am Nildelta, das zur führenden Metropole der antiken Welt heranwuchs.

Kein Volk Europas hat zur europäischen Kultur so viel beigetragen wie die Griechen. *Wie viel* das war, wird in diesem WAS IST WAS-Band umfassend dargestellt und mit aussagekräftigen Bildern illustriert.

WAS IST WAS

BAND 64

Dieses Buch ist auf chlorfrei gebleichtem Papier gedruckt.

BILDQUELLENNACHWEIS:

FOTOS: Archiv des Autors: S. 4o, 7, 9or, 10u, 11ur, 12r, 12u, 13l, 17u, 18, 19u, 20u, 25u, 26u, 29o, 35o, 36l, 40, 42o, 47or; Archiv f¸r Kunst und Geschichte/Berlin: S. 5u, 9ol, 11o, 11ul, 12o, 13u, 19o, 20u, 22o, 23, 26o, 31o, 32, 34ol, 36ur, 45, 47ol; Bridgeman Art Library/London: S. 6u, 8o; 9u, 13o, 20o; 27, 43o; Bildarchiv Preussischer Kulturbesitz/Berlin: S. 14u, 17o, 21o, 25o, 28u, 29u, 34or, 34/35u, 39, 42u

ILLUSTRATIONEN: Frank Kliemt, Hamburg: 5o, 44o;
Peter Klaucke, Frechen: 6o, 8u, 10/11o, 14/15o, 16u, 22u, 24o, 28o, 30/31u, 33, 37, 38/39u, 41, 42/43u, 46/47u

ISBN 978-3-7886-0404-2

Inhalt

Blaue Affen zieren die Wand eines Hauses auf der Mittelmeerinsel Santorin.

Ein Fischer mit reicher Beute, der vor 3 500 Jahren auf Santorin lebte.

Das hübsche Mädchen mit der eleganten Frisur ist eine Krokussammlerin.

Blaue Affen, starke Stiere

Wer lebte vor den Griechen in Griechenland?

Die Griechen gehörten, genau wie die Römer, Kelten und Germanen, zur großen Völkerfamilie der Indoeuropäer und drangen nach und nach von Norden in das Gebiet des heutigen Griechenland ein. Um etwas über die Menschen zu erfahren, die vor ihnen diesen Raum besiedelt haben, müssen wir uns auf den Inseln umsehen – zum Beispiel auf Santorin, 200 km südöstlich von Athen.

Um 1500 v. Chr. war die Insel viel größer als heute und ziemlich dicht besiedelt. Es gab schon kleine Städte, aber auch viel Natur. Zur Tierwelt gehörten zum Beispiel Antilopen, wilde Ziegen und blaue Affen. „Blaue Affen? Unmöglich!" – Mag sein, aber wenn der Maler, der sie an eine Zimmerwand gemalt hat, kein Witzbold war, dann haben vor langer Zeit solche Affen auf Santorin gelebt. Die Insel scheint damals ein kleines Paradies gewesen zu sein, mit Quellen und Palmenhainen und Bergwiesen, auf denen im Frühling überall gelbe Krokusse blühten. Auch das sehen wir auf Wandmalereien dargestellt. Aus den Krokusblüten wurde das besonders teure Gewürz Safran gewonnen, drei dünne, gelbe Fäden, die man herauspflückt und trocknet. Tausend Blüten ergeben gerade zwölf Gramm.

Was für Menschen vor so langer Zeit auf Santorin lebten, welche Sprache sie sprachen und woher sie kamen, wissen wir nicht. Wir kennen sie nur von den Bildern, die man an Wänden ihrer Häuser gefunden hat. Diese Häuser hatten mehrere Stockwerke, große Fenster und geräumige

„Die neue Verbrannte" – *Nea Kameni*, so heißt eine der Inseln, die im Lauf der Jahrhunderte bei Santorin aus dem Meer aufgetaucht sind. Sie besteht aus schwarzer Lava und entstand vor rund 300 Jahren, als auf dem Meeresgrund der Vulkan von Santorin erneut ausbrach. Bei seiner vorläufig letzten schweren Eruption im Jahr 1956 erschütterte ein heftiges Erdbeben die Insel und richtete schlimme Verwüstungen an.

Das frühe Griechenland, die Wiege der abendländischen Kultur. Es besteht hauptsächlich aus Inseln und Halbinseln.

ATLANTIS

Der griechische Philosoph Platon berichtet von einer mächtigen Insel Atlantis, die in einer einzigen Nacht im Meer versunken sein soll. Es mag sein, dass Platon diese Geschichte einfach erfunden hat – er war nämlich ein großer Märchenerzähler! Denkbar ist aber auch, dass diese Sage die Erinnerung an die Katastrophe von Santorin bewahrt.

Zimmer; es gab fließendes Wasser, Toiletten mit Spülung, Abwasserleitungen. Wirklich, die Leute haben nicht schlecht gewohnt – bis der Berg ausbrach! Die ganze, nahezu kreisrunde Insel war nämlich nichts anderes als ein riesiger Vulkan, der viele Jahrhunderte lang ruhig geblieben war.

Die Menschen merkten wohl an Erdstößen und anderen Anzeichen, dass etwas Furchtbares bevorstand, und flüchteten auf Nachbarinseln. Die wilden Tiere konnten sie nicht retten: Sie kamen alle um, als bei einer gewaltigen Explosion ein Teil der Insel weggesprengt wurde. Der Rest versank viele Meter tief unter Asche und vulkanischem Gestein. Zugleich ergoss sich das Meer in den Kraterschlund und brandete kochend wieder heraus: Eine gewaltige, viele Meter hohe Flutwelle raste über das östliche Mittelmeer.

Antilopen von Santorin – mit wenigen Strichen hat der unbekannte Maler ein lebendiges Bild geschaffen.

Theseus ringt mit dem Minotaurus.

Wer war König Minos?

Wahrscheinlich bekam auch Kreta die Auswirkungen dieser Katastrophe zu spüren. Jedenfalls ging es danach mit der Macht und Herrlichkeit dieser Insel bergab, auf der vor 4 500 Jahren die ersten Paläste Europas erbaut worden waren.

Priesterkönige mit ihrem Hofstaat wohnten da in mehrstöckigen Bauten rings um einen weiten Hofraum, wo wahrscheinlich Opferzeremonien und Feste stattfanden. Die Städte Kretas hatten keine Mauern. Offenbar fühlten sich die Menschen sicher, weil sie sich auf den Schutz durch eine ausgezeichnete Flotte verlassen konnten.

Die Erinnerung daran spiegelt sich in den Sagen der Griechen: Minos, so erzählte man, hieß der Kreterkönig, dessen Sohn bei Athen heimtückisch ermordet wurde. Da-

Labyrinth

In diesem Wort steckt das kretische Wort für Doppelaxt, *labrys*. Für die Deutung als „Haus der Doppeläxte“ spricht, dass diese oft als heilige Zeichen an kretischen Palastwänden angebracht wurden.

Ein junger Mann springt mit einem Salto über einen anstürmenden Stier (Fresko aus Knossos).

Heilige Höhlen

1540 m hoch, im Idagebirge, befindet sich die Grotte, wo der Sage nach Zeus, der höchste Gott der Griechen, zur Welt gekommen sein soll. Dorthin pilgerten jahrhundertelang zahlreiche Menschen und brachten reiche Gaben mit. Die Archäologen bargen vor allem Gefäße aus Bronze; Wertvolleres hatten die Hirten und Bauern, die 1884 die Höhle entdeckten, schon geplündert. In anderen Höhlen hatten die Ausgräber mehr Glück: Sie stießen auf ganze Depots von Bronzeschwertern und von Doppeläxten aus Bronze, Silber und Gold!

Menschenopfer

In den Ruinen eines kretischen Tempels, der bei einem Erdbeben zerstört wurde, entdeckten Archäologen das Skelett eines Mannes. Er lag auf einem Altartisch und war vermutlich gefesselt worden. Zwischen seinen Gebeinen fand sich eine 40 cm lange Klinge, mit der das Opfer getötet worden war – man nimmt an, durch einen Schnitt in den Hals.

rum kam Minos mit vielen Schiffen, belagerte die Stadt und bezwang sie durch Hunger. Von nun an mussten die Athener alle neun Jahre sieben Mädchen und sieben junge Männer nach Kreta schicken, wo sie ein furchtbares Ende erwartete: Man brachte sie in ein finsteres Gebäude mit zahllosen verschlungenen Gängen. In diesem „Labyrinth" lauerte der Minotaurus, ein scheußliches Ungeheuer, halb Mensch, halb Stier, und verschlang die wehrlosen Opfer. Erst dem heldenhaften Königssohn Theseus gelang es, den Minotaurus zu töten und die jungen Leute, mit denen er nach Kreta gekommen war, zu retten.

Warum wurde Europa von einem Stier entführt?

Noch heute allgemein bekannt ist die folgende Geschichte: Als Zeus, der Göttervater, der immer neue Liebesabenteuer suchte, wieder einmal vom hohen Himmel auf die Erde heruntersah, erblickte er an der Küste Phöniziens ein wunderschönes Mädchen. Es war Europa, die Tochter des Königs von Tyros, die dort mit ihren Freundinnen spielte. Gleich rief Zeus seinen Sohn und Boten, den flinken Hermes, und fragte: „Könntest du, mein Lieber, nicht die Rinderherde da unten zur Küste treiben?" „Mach' ich!", sagte Hermes, und wenig später trabten die Tiere zum Meer.

Unter ihnen war plötzlich ein besonders schöner weißer Stier, der sich behutsam den spielenden Mädchen näherte. Europa fand Gefallen an dem stattlichen Tier, streichelte es, gab ihm zu fressen und setzte sich schließlich auf seinen Rücken. Da erhob sich der Stier, stürmte ins Meer hinaus und trug seine reizende Beute bis nach Kreta, wo er sich als Gott zu erkennen gab. Europa aber gebar ihm drei Söhne; einer davon war Minos.

Die Erzählungen vom Minotaurus, von der Verwandlung des Zeus und der Entführung Europas enthalten uralte religiöse Vorstellungen: Ähnlich wie die Menschen in Vorderasien verehrten die alten Kreter zwei höchste Gottheiten: eine mächtige Göttin der Liebe und Fruchtbarkeit und, als ihr männliches Gegenstück, einen göttlichen Stier, dem sie vermutlich sogar Menschenopfer darbrachten.

Europa auf dem Stier – im Schlossgarten von Würzburg

Die griechischen Eroberer Kretas hörten von den Unterworfenen merkwürdige Dinge über Frau und Stier und getötete Kinder und suchten sich einen Reim darauf zu machen. Kopfschüttelnd und mit leichtem Gruseln erzählten sie sich von der Frau des Minos, die sich in einen Stier verliebte und von ihm einen scheußlichen Sohn bekam – eben den Minotaurus.

„Die spinnen, die Kreter!", mögen sie gedacht haben. Vielleicht erfuhren sie auch, dass bei großen Festen junge Leute einen anstürmenden Stier bei den Hörnern packten, sich hochschleudern ließen und nach einem Salto über den Rücken des Tiers – wenn sie Glück hatten – wieder auf ihren Füßen landeten. Auch darüber werden unsere Griechen den Kopf geschüttelt haben. Sie hatten zwar viel Sinn für Sport, aber mit wilden Stieren wollten sie lieber nichts zu tun haben.

Hofdame (Fresko aus dem Palast von Knossos)

Sprechende Bilder

Die Schrift der Kreter war, genau wie die der alten Ägypter, am Anfang eine Bilderschrift. Lebewesen oder Gegenstände, über die etwas mitgeteilt werden sollte, wurden abgebildet. Später wurden diese Bilder – je nach ihren Anfangslauten – als Silbenzeichen verwendet. Um sie schneller „schreiben" zu können, wurden sie bis zur Unkenntlichkeit vereinfacht. Die meisten bestehen nur noch aus wenigen Strichen und Linien. Darum spricht man von „Linearschrift", im Gegensatz zur Keilschrift orientalischer Völker.

Welche Rätsel gibt uns das alte Kreta auf?

Der Stierkult der alten Kreter legt die Vermutung nahe, dass sie aus dem asiatischen Raum nach Kreta eingewandert sind. Es finden sich jedoch auch Hinweise darauf, dass ihre Kultur von Ägypten und Nordafrika her beeinflusst wurde. Die Frage, woher sie tatsächlich kamen, ist vorläufig noch offen.

Unklar sind auch die Gründe, warum das mächtige minoische

Stierspringer vor einem kretischen Palast

Der rätselhafte Diskos von Phaistos

Ton entsteht bei der Verwitterung verschiedener Gesteinsarten. In feuchtem Zustand lässt er sich gut formen und hält auch dank seiner Zähigkeit die Form. Entzieht man ihm bei großer Hitze die Feuchtigkeit, wird er steinhart. Das haben die Menschen schon vor vielen tausend Jahren herausgefunden.

Tontäfelchen mit Linear-Schriftzeichen

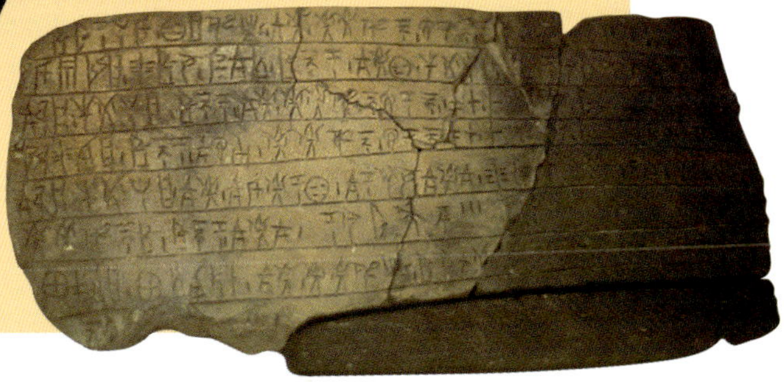

So sah der Thronsaal des Palastes von Knossos aus (rekonstruiert).

Reich zusammenbrach. Ein schweres Erdbeben um 1700 v. Chr., der Ausbruch des Santorinvulkans, ein Aufstand der durch harte Arbeit für die Herrschenden unterdrückten Unterschicht können dazu beigetragen haben, dass frühgriechische Seefahrer um 1400 v. Chr. die Insel nach und nach in ihre Gewalt brachten. Dieser Zeitpunkt lässt sich mit einiger Sicherheit bestimmen, seit bewiesen ist, dass mit den damals auf Kreta benützten Schriftzeichen Texte in altertümlichem Griechisch verfasst wurden. Diese Schrift, die man Linear B nennt, ist aus dem älteren Linear A entwickelt, das sich bis jetzt jeder Entzifferung hartnäckig entzogen hat – vor allem, weil niemand sagen kann, welche Art Sprache die Minoer gesprochen haben.

Im Museum von Heraklion auf Kreta kann man ein weiteres kretisches Rätsel bestaunen. Es handelt sich um eine runde Scheibe, einen Diskos, aus Ton, in die offensichtlich mit Stempeln Zeichen einer Bilderschrift eingedrückt wurden. Es ist klar: Wer sich die Mühe macht, solche Stempel herzustellen, wird damit mehr als nur den einen Diskos bedruckt haben. Bis jetzt aber wurde nur dieser eine gefunden.

Die Mauern von Mykene

Wer waren die ersten Griechen?

Die ersten Griechen, von denen im letzten Kapitel die Rede war, kamen aus dem Norden und unterwarfen, bevor sie sich auf das Meer hinauswagten, das griechische Festland. Sie stießen auf kretische Kolonien und auf Menschen, die schreiben konnten; diese hatten in den Palästen der früheren Herren über Einkünfte und Ausgaben auf Tontäfelchen Buch geführt. Die neuen Herrscher fanden, dass das so bleiben könne; die Unterworfenen müssten nur ein wenig Griechisch lernen. So kommt es, dass man auch auf dem Festland umfangreiche „Archive" in Linear B gefunden hat. „Sechs vierhenklige Krüge Wein für den Gott Dionysos" wurden da verbucht, oder „Zwei Hammel für den Herrn von Pylos". Das sind freilich keine sehr aufregenden Informationen und sie waren auch nicht für die Nachwelt bestimmt; sonst hätte man, wie im alten Orient, die Tontäfelchen durch Brennen haltbar machen müssen. Für das Rechnungswesen genügte es, wenn sie an der Luft trockneten. Brauchte man sie nicht mehr, musste man sie nur einweichen. Bald waren sie wieder knetbarer Lehm. Dass trotzdem mehrere Tausend solcher Täfelchen die Zeiten überdauert haben, verdanken wir Bränden, die in den Palästen wüteten; dabei wurden diese „Notizblöcke" zufällig mitgebrannt.

Etwas merkwürdig ist es freilich, dass eine so tolle Erfindung wie die Schreibkunst damals keinem anderen Zweck gedient haben soll als der Buchführung. Wurde etwa, wie in

Totenklage für einen achäischen Fürsten

Mykenische Krieger (Vase aus dem 12. Jahrhundert v. Chr.)

TOTENOPFER

Den toten Herren von Mykene wurden reiche Schätze mit ins Grab gegeben: Goldene Kronen, Gesichtsmasken und Brustplatten, goldene Henkelbecher in den verschiedensten Formen, Siegelringe, Armbänder, Zepter – und wunderbarerweise waren die Gräber bis zu ihrer Entdeckung durch den deutschen Hobbyarchäologen Heinrich Schliemann (siehe Seite 12) nicht ausgeraubt worden!

Ägypten, für längere Texte der – leider vergängliche – Papyrus benützt? Oder sind die frühen Griechen einfach nicht auf die Idee gekommen, Geschichte und Geschichten aufschreiben zu lassen? Es mag sein, dass ihnen – ähnlich wie den Kelten – mündliche Überlieferung genügt hat. Es mag auch sein, dass sie voll damit beschäftigt waren, ihre Herrschaft über eine deutlich größere Zahl von Besiegten zu sichern und sich mit nachdrängenden Stämmen herumzuschlagen. Entsprechend wuchtig und trutzig sehen die Burgen aus, die sie sich bauen ließen. Spätere Generationen standen staunend vor ihren mächtigen Mauern und konnten sich nicht vorstellen, dass Menschen sie aufgetürmt hätten. Zyklopen, einäugige Riesen, müssen es wohl gewesen sein!

Als Griechenland einigermaßen fest in der Hand der Eindringlinge war, begannen sie mit Raubzügen gegen ihre Nachbarn. Damals wurden die Hethiter im Herzen Kleinasiens auf sie aufmerksam und nannten sie Achijawa. So klang für sie der griechische Stammesname Achäer (griechisch: Achaioi).

Das Löwentor von Mykene wurde um 1350 v. Chr. als Eingang zu Agamemnons Burg gebaut.

Was haben die Achäer mit Troja zu tun?

„Singe mir, Göttin, vom heillosen Zorn des Peleussohnes Achilleus, der zehntausendfaches Leid über die Achäer gebracht hat..." So beginnt die Ilias, die älteste und zugleich berühmteste Dichtung der Griechen. Sie entstand um 800 v. Chr. und handelt

Zyklopen

Über die Zyklopen erzählten sich die Griechen ganz verschiedene Dinge: Bald ließ man sie in der Werkstatt des Schmiedegotts Hephaistos schwere Hämmer schwingen, bald dachte man sie sich als wilde, menschenfressende Ureinwohner Siziliens, die große Herden von Schafen und Ziegen hüteten. Für einen König von Tiryns sollen sich Zyklopen gar als Maurer betätigt haben. Diese Riesen waren offenbar recht vielseitig!

Eingang zu einem Kuppelgrab, dem so genannten Schatzhaus des Atreus. Es wurde 1330 v. Chr. gebaut. Im Kuppelgrab ist ein 35 m langer Gang schachtartig angelegt.

„Zyklopisches" Mauerwerk

vom Krieg mit der reichen und mächtigen Stadt Troja im Nordwesten der heutigen Türkei.

„Achäer“ oder „Danaer“ heißen die griechischen Angreifer, niemals aber „Hellenen“ wie in späterer Zeit. Dafür muss der Iliasdichter – die Griechen nannten ihn Homer – doch wohl einen Grund gehabt haben! Studiert man die Ilias eingehender, zeigt sich bald, dass Homer ganz bewusst eine weit zurückliegende Zeit beschreibt. Seine Helden stehen im Kampf auf Streitwagen. Das Pferd als Reittier ist noch nicht entdeckt. Sie sitzen beim Essen auf Stühlen. Richtige Griechen legten sich dazu auf eine Art Sofa. Die Schiffe der Achäer sind bei Gegenwind völlig unbrauchbar. Die Griechen zur Zeit Homers konnten längst gegen den Wind kreuzen.

Der blinde Dichter Homer (um 800 v. Chr.)

Offensichtlich wusste Homer gut Bescheid über die Verhältnisse in jenen aufregenden Jahrhunderten, in denen Achäerkönige hinter den dicken Burgmauern von Mykene oder Tiryns saßen, wenn sie nicht gerade irgendwo auf Beutezug unterwegs waren. Er nennt uns auch ihre Namen: Agamemnon hieß der Chef in Mykene, in Sparta herrschte sein Bruder Menelaos. Dessen wunderschöne Frau Helena hatte ein trojanischer Königssohn namens Paris entführt, und darum gab es den großen Krieg, an dem fast alle „achäischen“ Könige mit ihren Kriegern teilnahmen.

Wann fand der trojanische Krieg statt?

Für die alten Griechen war der trojanische Krieg ein geschichtliches Ereignis; sie glaubten Homer aufs Wort. Das tat auch der deutsche Kaufmann Heinrich Schliemann, der um 1870 mit der Ilias im Gepäck in die Türkei reiste. Geleitet von den genauen Ortsbeschreibungen in der Ilias, fand er den Hügel, auf dem einst die Burg von Troja gestanden hatte, und die Ruinen der Städte – ganz richtig, der Städte: Auf diesem Hügel waren nämlich nacheinander viele Städte erbaut und zerstört

Auf dem Hügel von Troja

Der Erderschütterer

Für Erdbeben war nach griechischem Glauben der Meergott Poseidon zuständig, der, wenn er wollte, als Pferd erschien und mit seinen Hufen auf den Boden stampfte. Ihm mögen achäische Plünderer Dankopfer dafür gebracht haben, dass sie in den Ruinen des erdbebenzerstörten Troja leichte Beute fanden.

Neptun, das römische Gegenstück zu Poseidon, vom Neptunbrunnen in Nürnberg

Als vernünftige Menschen sagten sich die späteren Griechen, dass selbst ein großes, ein göttliches Pferd keine Stadt in Trümmer legen kann. So wurde aus dem Poseidonross das bekannte hölzerne Pferd, in dem sich nach der Sage griechische Krieger versteckten. Den Trojanern wurde vorgeschwindelt, das Riesending sei eine Gabe für die Götter. Darum zogen sie es in ihre Stadt und das Unglück nahm seinen Lauf.

Zweikampf vor Trojas Mauern (Vasenmalerei aus dem 5. Jahrhundert v. Chr.)

Das hölzerne Pferd

Die Geschichte vom hölzernen Pferd wird man in der Ilias vergeblich suchen. Sie stand in einer heute verlorenen Dichtung, die Trojas Zer-

Das hölzerne Pferd – eine moderne Ausführung

störung beschrieb. Es gab noch eine ganze Reihe von Heldenliedern, die den trojanischen Sagenkreis behandelten. Sie alle sind im Lauf der Zeit verloren gegangen bis auf die Ilias und die etwa 50 Jahre nach ihr entstandene Odyssee.

worden! Eine davon musste Homers Troja gewesen sein! Als Schliemann in einer der untersten Siedlungsschichten einen Goldschatz von unermesslichem Wert fand, war er sicher: Er hatte die Stadt des unglücklichen Königs Priamos, des Paris und der schönen Helena entdeckt, von der er als Kind so viel gehört und gelesen hatte. Damals hatte er sich vorgenommen: Wenn ich einmal viel Geld habe, suche und finde ich Troja! Das war ihm nun gelungen – doch inzwischen hat sich herausgestellt, dass die Stadt, die er für Homers Troja hielt, schon um 2300 v. Chr. zerstört wurde. Damals gab es weit und breit noch keine Achäer.

Jenes Troja, um das gegen Ende des 13. Jahrhunderts v. Chr. der große Krieg getobt haben soll, wurde zwar auch zerstört, aber nicht von Eroberern, sondern durch ein schweres Erdbeben.

So, wie Homer ihn schildert, hat der trojanische Krieg also nie stattgefunden. Wahrscheinlich haben nur die Reste der mächtigen Mauern die Phantasie des Dichters beflügelt.

Wovon handelt die Ilias?

Die Handlung der Ilias beschränkt sich auf einen Zeitraum von 51 Tagen, also auf einen kleinen Ausschnitt aus dem angeblich zehnjährigen Kriegsgeschehen. Die Eroberung Trojas

Goldene Totenmaske aus dem sechsten vorchristlichen Jahrhundert

wird zwar von Göttern und Menschen immer wieder vorhergesagt, aber nicht behandelt. Thema der umfangreichen Dichtung ist ein

Streit des Königs Agamemnon mit Achill, dem tapfersten Helden der Griechen. Weil ihm der König eine hübsche Sklavin wegnimmt, weigert sich Achill weiter zu kämpfen. Sein Streik bringt die Griechen in große Bedrängnis: Die Trojaner unter Führung des Prinzen Hektor fügen ihnen schwere Verluste zu und sind drauf und dran, die Flotte der Belagerer zu verbrennen.

Achill, der immer noch auf König Agamemnon böse ist, will das Schlimmste verhindern: Er leiht seinem Freund Patroklos die eigene prächtige Rüstung und erlaubt ihm in den Kampf einzugreifen. Zuerst fliehen die Trojaner vor dem Mann, den sie für Achill halten. Dann aber stellt sich Hektor zum Kampf und erschlägt Patroklos. Als Achill von dessen Tod hört, ist er außer sich vor Zorn und kennt nur noch ein Ziel: Rache! Im Zweikampf tötet er Hektor und will dessen Leiche den Vögeln und Hunden zum Fraß vorwerfen. Doch Götter schützen den toten Helden und bringen es dahin, dass Priamos, Hektors alter Vater, von Achill die Leiche seines Sohnes gegen reiches Lösegeld ausgeliefert bekommt. Mit Hektors Bestattung endet die Ilias.

Was steht in der Odyssee?

Odysseus, der König der kleinen Insel Ithaka, galt als der Klügste unter den griechischen Heerführern. Ihm soll der Trick mit dem hölzernen Pferd eingefallen sein.

Als Odysseus auf der Heimfahrt von Troja in die Höhle des einäugigen Riesen Polyphem geriet, konnte er sich und sechs seiner Leute nur dadurch retten, dass er das einzige Auge des menschenfressenden Monsters ausbrannte, während es schlief. Damit erregte er den Zorn des Meergotts Poseidon, dessen Sohn Polyphem war, und hatte auf einer zehnjährigen Irrfahrt viele Gefahren zu bestehen, ehe er schließlich, allein und auf einem fremden Schiff, in seine Heimat zurückkehrte. Dort musste er sich in Bettlergestalt in seinen Palast schleichen, denn mehr als hundert junge Männer hatten sich dort eingenistet und drängten seine Frau Penelope, einen von ihnen zu heiraten. Odysseus gab sich erst seinem Schweinehirten, dann seinem Sohn Telemach und einigen weiteren Getreuen zu erkennen. Mit deren Hilfe wagte er es, den Kampf mit den Freiern aufzunehmen. Dabei fanden sie alle den Tod; Odysseus hatte endlich seine Penelope wieder!

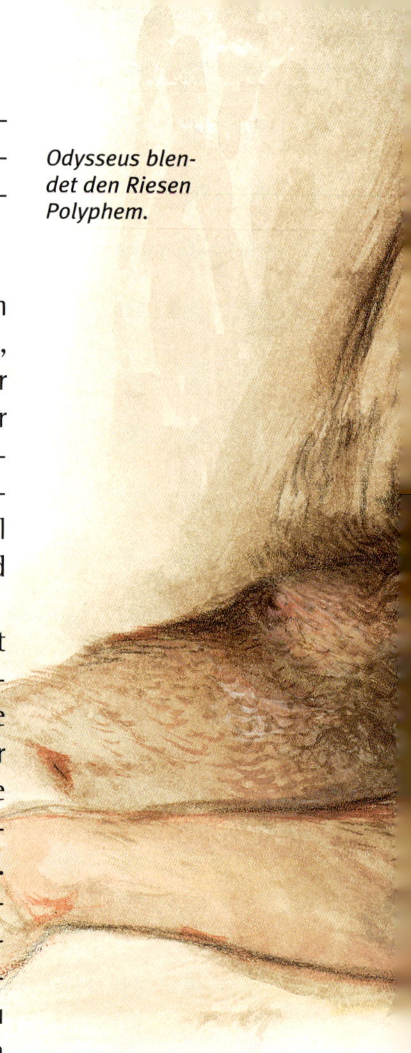

Odysseus blendet den Riesen Polyphem.

Mythos

Was die Priester und Dichter der Griechen von den Göttern verkündeten, war eine Mischung aus Altüberliefertem und freier Erfindung. Die Menschen spürten das und schüttelten über vieles die Köpfe: Waren die Götter wirklich so gehässig, so neidisch, so hinterlistig, wie Homer sie beschrieb? Solche Zweifel spiegeln sich in dem Wort „Mythos“: Es bezeichnet eine Geschichte, die nicht unbedingt wahr sein muss.

Achill verbindet Patroklos (Trinkschale aus dem 5. Jahrhundert v. Chr.).

Was ist wahr?
In den vier Jahrhunderten, in denen nachdrängende griechische Stammesverbände mit den bereits sesshaft gewordenen kämpften, ist gewiss viel Blut geflossen, wurden grausige Verbrechen begangen und erbitterte Schlachten geschlagen. Ja, wenn die Mauern, wenn die tiefen Gräber von Mykene reden könnten! Sie würden uns vielleicht noch ganz andere Horrorgeschichten erzählen als Homer.

Wie war das genau mit Polyphem?

Warum hat Odysseus den schlafenden Riesen nicht einfach umgebracht? Er hatte doch sicher ein Schwert bei sich? Allerdings, er war mit seinen Leuten nicht unbewaffnet in die Höhle des Zyklopen gegangen. Doch als dieser plötzlich mit seiner Schafherde hereinkam, verschloss er den Eingang mit einem mächtigen Felsblock – den hätten zwanzig Lastwagen nicht wegschaffen können.

So musste Odysseus ohnmächtig mit ansehen, wie der Riese nach und nach sechs seiner Begleiter auffraß. Nur Polyphem konnte ja den Stein wieder wegrücken! Das tat er auch, wenn er am Morgen die Schafe hinausließ und wenn er sie abends heimtrieb; er gab aber höllisch Acht, dass keiner von den Griechen entwischte, und verrammelte die Höhle sofort wieder. Darum entschloss sich Odysseus, den Menschenfresser zu blenden. Zuerst spitzte er einen mächtigen Pfahl zu und versteckte ihn; dann gab er dem Riesen starken Wein zu trinken und behauptete, als dieser nach seinem Namen fragte, er heiße „Niemand".

„Dein Wein", grunzte Polyphem, „war gut, Niemand. Darum will ich dir auch was Gutes tun: Hör′ zu, dich fress′ ich als Letzten. Das ist mein Dankeschön!" Er lachte noch ein paarmal dröhnend, dann fiel er um und schnarchte. Gleich schob Odysseus den Pfahl ins Herdfeuer, wartete, bis die Spitze glühte, und bohrte ihn dann in das einzige Auge des Riesen. Der brüllte vor Schmerz, dass man es weit und breit hörte. Bald kamen andere Zyklopen aus ihren Höhlen und fragten nach dem Grund des Lärms. „Niemand bringt mich um!", schrie Polyphem zurück. Als die anderen das hörten, meinten sie, er sei verrückt geworden, und verzogen sich.

Am folgenden Morgen gelang Odysseus und seinen Leuten die Flucht: Sie hingen unter den Schafen, die Polyphem auf die Weide ziehen ließ.

Was Odysseus von Polyphem erzählt, von der Zauberin Kirke, die seine Leute in Schweine verwandelt, oder von den Sirenen, deren wunderschöner Gesang Seeleute in den Tod lockt, das ist natürlich dickes Seemannsgarn. Demgegenüber kann die Geschichte von seiner späten Heimkehr und von dem Freiermord einen wahren Kern haben, genau wie die vom Schicksal des Agamemnon, den keine treue Penelope, sondern eine treulose Klytaimnestra erwartete – und umbrachte.

Götter und Menschen

Wie ist nach dem Glauben der Griechen die Welt entstanden?

Christen, Juden und Muslime glauben an *einen* Gott, dem nichts unmöglich ist, der alles weiß, der die Menschen als seine Kinder liebt, der zugleich gnädig und gerecht ist, der nie geboren wurde und nie stirbt und diese Welt mit allem, was auf ihr ist, geschaffen hat. Die Griechen sahen das ganz anders.

Sie konnten sich eine Zeit vorstellen, als es weder Götter noch Menschen noch sonst etwas gab. Aus diesem totalen Nichts entstand irgendwann das Chaos, der weite Raum, und nach ihm Gaia, die göttliche Erde, mit dem finsteren Tartaros, der untersten Unterwelt. Auch die Nacht und Erebos („das Dunkel") gingen aus dem Chaos hervor, dazu Eros, der Liebesgott. Dieser bewirkte, dass sich die Nacht in Erebos verliebte und ihm, dem Dunklen, zwei Kinder gebar. Sie hießen „Tag" und „Helligkeit". Uranos, den Himmel, und Pontos, das Meer, brachte Gaia ohne Vater zur Welt, dann aber sah sie sich auch nach einem männlichen Partner um und schenkte dem Uranos jede Menge Kinder. Unter ihnen waren Göttinnen und Götter, die aussahen wie Menschen und Titanen hießen. Allerdings gab es da-

Im Märchen...

Wer sich beim Kronos-Mythos an den Wolf und die sieben Geißlein erinnert, liegt ganz richtig. Das Märchen hat mit der Kronossage viel gemeinsam: Die Zahl der Verschlungenen, das Verstecken des letzten Kindes, die Sache mit dem Stein und die Rettung aus dem Bauch des Kinderfressers. Das kommt daher, dass Märchen sehr oft uraltes Sagengut bewahrt haben.

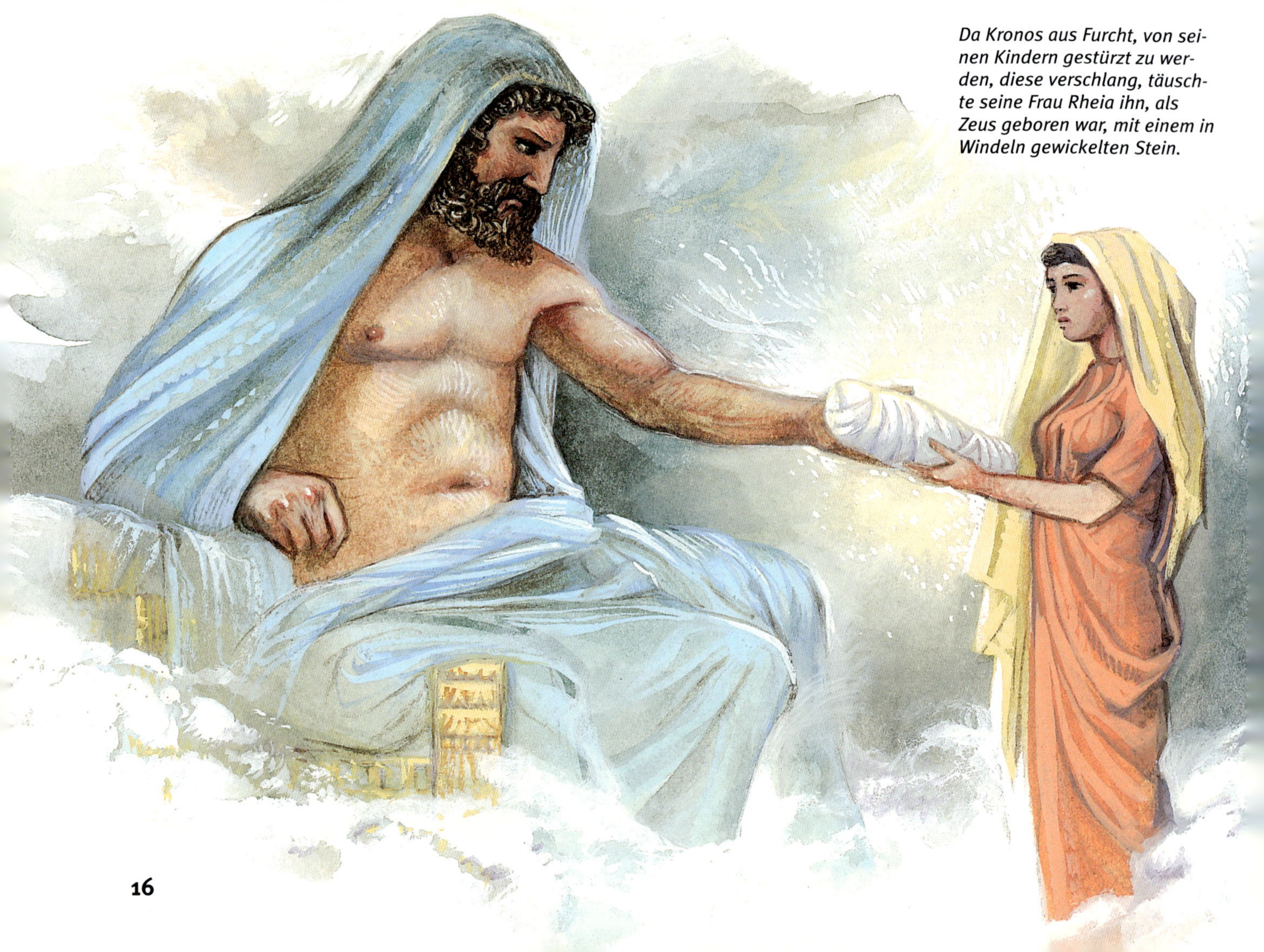

Da Kronos aus Furcht, von seinen Kindern gestürzt zu werden, diese verschlang, täuschte seine Frau Rheia ihn, als Zeus geboren war, mit einem in Windeln gewickelten Stein.

Götterversammlung (Marmorrelief um 375 v. Chr.)

TANTALOSQUALEN

Tantalos war ein Sohn des Zeus und herrschte als König über ein reiches Land. Die Götter mochten ihn gern und luden ihn öfter auf den Olymp ein – aber Tantalos dankte es ihnen schlecht. Er bestahl sie und erzählte auf der Erde von ihren Gesprächen. Schließlich schlachtete er seinen eigenen Sohn und setzte dessen Fleisch den Göttern vor, um ihre Allwissenheit zu testen. Die erkannten die Täuschung und warfen Tantalos in den Tartaros. Dort steht er durstig mitten in einem Teich, denn wenn er trinken will, weicht das Wasser vor ihm zurück. Außerdem hungert ihn, obwohl die herrlichsten Früchte über ihm hängen: Sobald er danach greift, schnellen die Zweige in die Höhe!

mals noch keine Menschen. Andere Söhne der Erde waren so scheußliche Monster, dass es dem eigenen Vater vor ihnen grauste. Deshalb sperrte er die drei Zyklopen, die nur ein einziges riesiges Auge mitten auf der Stirn trugen, und drei hundertarmige Riesen in den tiefen Tartaros.

Gaia ärgerte sich darüber, denn sie mochte alle ihre Kinder. Darum bat sie die Titanen um Hilfe: Sie wollte sich an Uranos rächen.

Wie groß ist die Macht der Götter?

Kronos, der jüngste der Titanen, war verwegen genug, es mit dem gewaltigen Uranos aufzunehmen: Mit einer Art Sense, die ihm seine Mutter gegeben hatte, legte er sich auf die Lauer und verstümmelte den Himmelsgott so schwer, dass er zum Herrn der Welt nicht mehr taugte. Da Kronos befürchtete, dass es ihm ähnlich ergehen könne wie seinem Vater und dass ihm vielleicht sogar von den eigenen Kindern Gefahr drohte, verschlang er sie gleich nach der Geburt. Auch seinem jüngsten Sohn Zeus wäre es so ergangen, wenn ihn seine Mutter nicht vor dem gefräßigen Vater versteckt hätte. Statt des Kindes reichte sie ihm einen in Windeln gewickelten Stein, und Kronos schluckte ihn, wie man eine Tablette schluckt.

Wir sehen: Griechengötter sind nicht allmächtig und nicht allwissend; man kann sie verwunden, verschlingen, gefangennehmen, überlisten. Darum konnte sich auch Kronos seiner Tat nicht lange freuen: Als Zeus stark genug war, sammelte er Verbündete. Er wollte seinen Rabenvater entmachten, den ein Teil der Titanen unterstützte. Die übrigen schlossen sich Zeus an.

Zeus, der oberste der olympischen Götter

Dieser befreite außerdem die Zyklopen und die Hundertarmigen aus dem Tartaros, wo sie immer noch angekettet waren. Deswegen war Gaia auf ihren Sohn Kronos seit langem böse und dachte nicht daran, ihm gegen Zeus zu helfen. Sie zwang ihn sogar, seine verschlungenen Kinder wieder auszuspeien. Und siehe da, alle waren frisch und munter, denn richtige Götter sind auch bei den Griechen unsterblich.

Für den Kampf gegen Kronos schmiedeten die dankbaren Zyklopen Blitze, mit denen Zeus seine Feinde traf, und jeder der vielarmigen Riesen schleuderte gewaltige Felsbrocken, immer hundert auf einmal. Damals erbebte die Erde, der Himmel widerhallte vom Kriegsgeschrei; Wälder verbrannten, das Meer kochte, Berge stürzten ein – es ging zu wie bei einem Weltuntergang. Am Ende siegten Zeus und die Seinen; Kronos und die Titanen, die auf seiner Seite gekämpft hatten, wurden in den Tartaros gestürzt, wo sie von den Hundertarmigen bewacht werden.

Gaia mit kleinen Giganten

Die errungene Weltherrschaft teilte sich Zeus durch das Los mit seinen beiden Brüdern Poseidon und Hades. Er hatte Glück und gewann Himmel und Erde. Poseidon bekam das Meer, Hades musste sich mit der Unterwelt begnügen.

Gaia aber fand, dass sie mehr Dank verdient hätte, und war nun auf Zeus böse. „Ich werd`s ihm zeigen!“, dachte sie und gebar ein grässliches Ungeheuer, den hundertköpfigen Drachen Typhon. Sein Vater soll Tartaros gewesen sein. Vor dem brüllenden und fauchenden Ungetüm flüchteten alle Götter in Panik; nur Zeus nahm sich zusammen, schleuderte seine Blitze und begrub schließlich den Typhon unter der Insel Sizilien. Dort liegt er seitdem, und sein feuriger Atem steigt aus dem Schlund des Vulkans Ätna.

Noch einmal versuchte Gaia, die neuen Götter zu vernichten: Aus dem Blut des Uranos schuf sie die riesenhaften Giganten, die Schlangen statt Beine hatten und den Götterberg Olymp stürmen wollten. Auch sie zerschmetterte Zeus mit seinen Blitzen. Trotzdem ist seine Macht bedroht: Bald wollen ihn rebellische Götter fesseln, bald hat er Ärger mit seiner Frau und Schwester Hera, bald soll eine andere Göttin, in die er sich verliebt hat, einen Sohn bekommen, der mächtiger ist als sein Vater – es ist nicht leicht, ein Griechengott zu sein.

STERBLICHER GÖTTERSOHN

Was tut man, wenn eine Göttin einen solchen Sohn zur Welt bringen soll? Ganz einfach: Man verheiratet sie mit einem sterblichen Mann, auch wenn sie gar nicht will! So erging es jedenfalls der Meergöttin Thetis. Mit kräftiger Unterstützung durch Zeus und andere Götter bekam sie der tapfere Peleus zur Frau, und ihr Sohn Achilleus war tatsächlich noch viel stärker und tapferer als der Vater. Den Göttern drohte von ihm aber keine Gefahr – er war ja sterblich.

DIE OLYMPISCHEN GÖTTER

Mit Wohn- oder Besuchsrecht auf dem Götterberg Olymp:

Die drei Chefs und ihre Frauen: Zeus und Hera; Poseidon und Amphitrite; Hades und Persephone.

Andere Prominente:

Apoll und seine Schwester Artemis; Aphrodite (Liebe) und Hephaistos (Schmiedekunst) – unglücklich verheiratet; Demeter (Früchte der Erde); Hermes (Götterbote); Ares (Krieg) – ein wüster Kämpfer; Athene (Kunst und Krieg) – will von Männern nichts wissen; Helios (Sonnengott, steuert den feurigen Wagen); Dionysos (Wein) – muss sich den Olymp erst erkämpfen; Herakles (Sohn des Zeus und Superheld) – hat Probleme mit seiner Stiefmutter Hera.

Viele niedere Gottheiten – oft sogar sterblich:

Nymphen, Satyrn, Pane (neben dem „großen Pan“ glaubte man noch an zahllose kleine), Erotes (Liebesgötter), Keres (Todesgötter), Daimones (Schicksalsgötter).

Apoll, Sohn des Göttervaters Zeus, ist der Gott des Lichts, der Jugend, der Heilkunst, der Weissagung und der Musik.

VERWANDLUNGSKÜNSTLER
Wenn Zeus auf Eroberungen ausging, nahm er die verschiedensten Gestalten an: Der Europa näherte er sich als Stier, der Persephone als Schlange, der Leda als Schwan, der Danae als goldener Regen und der Alkmene, der Mutter des Herakles, gar als – ihr eigener Mann!

Wie viele Götter hatten die Griechen?

Eines aber muss man diesen Göttern lassen: Sie vermehrten sich wie die Kaninchen. Die Meergötter Okeanos und Tethys hatten zusammen dreitausend Töchter, Nereus, ein anderer Meergott, immerhin fünfzig. Auf gut vierzig Söhne und Töchter brachte es Zeus, der Hera immer wieder mit anderen unsterblichen und sterblichen Frauen betrog. Inzwischen gab es allerdings auch Menschen, wenn auch niemand genau weiß, woher sie kamen. Sie waren eben auf einmal da, und die Götter trieben ihr Spiel mit ihnen. In der glühenden Mittagshitze war die Stunde des Pan, des Gottes der Hirten und Herden.

Dieser gehörnte, bocksfüßige Gott hatte seinen Spaß daran, unter seinen Schützlingen, wenn er plötzlich erschien, „panischen“ Schrecken zu verbreiten. Apoll, der Gott mit dem Bogen, dem Pfeil und der Leier, der auch für Musik und Orakel zuständig war, steuerte durch bewusst dunkle Weissagungen manchen, der sich vertrauensvoll an ihn wandte, geradewegs in sein Verderben. Artemis, die Göttin der Jagd und der Nacht, neigte zu unerbittlicher Grausam-

Triton heißt ein Sohn des Poseidon. Wie man sieht, hat er an Stelle der Beine Fischleiber.

Pan, der Gott des Waldes und der Weiden

Artemis, die Göttin der Jagd

Bitterböse Bauern

Die Göttin Latona hatte von Zeus Zwillinge bekommen und dadurch Heras Zorn erregt. Auf der Flucht vor der eifersüchtigen Himmelskönigin irrte sie durch die halbe Welt und kam auch nach Lykien im Süden der heutigen Türkei. Unterwegs litt die Göttin Durst. Plötzlich sah sie in einem Tal einen Teich, an dessen Ufer Bauern ihrer Arbeit nachgingen. Latona trat näher, um zu trinken – aber die Bauern verboten es ihr! Vergeblich bat die Halbverdurstete um Mitleid: Die Bauern sprangen sogar in den Teich, um das Wasser zu trüben. Das war Latona zu viel! „Auf ewig", rief sie, „sollt ihr in diesem Tümpel hausen!" Da hatten die Bauern noch mehr Spaß an ihrem Treiben: Sie tauchten und schwammen, krochen ans Ufer und sprangen aufs Neue in den Teich. Während sie unter Wasser weiterschimpften, wurden vom dauernden Gequäke ihre Münder breit, ihre Stimmen rau, und ihre Hälse blähten sich, bis sie am Ende das waren, was sie nun sind: Frösche.

keit: Einen jungen Jäger, der sie zufällig beim Baden überraschte, verwandelte sie in einen Hirsch und sorgte dafür, dass er von seinen eigenen Jagdhunden zerrissen wurde. Im Bergwald, in Bäumen und in Quellen waren die Nymphen daheim, die hübsche junge Männer in ihren Bann zogen. Auf schöne Mädchen hatten es die Satyrn abgesehen. Das waren Waldwesen mit Bocksbeinen und Pferdeschwänzen, die zum ausgelassenen Gefolge des Weingottes Dionysos gehörten.

Vor Göttern war man nirgends sicher, und selbst wenn man sie durch Opfer und Gebete gnädig zu stimmen suchte, konnte man sich ihres Wohlwollens nicht gewiss sein.

Wie „menschlich" waren die Götter?

„Alles haben die Dichter den Göttern angehängt, was bei den Menschen schändlich und strafbar ist: Stehlen, ehebrechen und sich gegenseitig betrügen". So klagte schon vor 2500 Jahren ein griechischer Dichterphilosoph – aber die Mehrheit seiner Landsleute scheint sich keine „besseren" Götter gewünscht zu haben. Man las mit Begeisterung von ihren Liebesabenteuern, ihren Streitigkeiten, ihrer Bosheit und freute sich, dass auch sie Freude und Leid, Neid und Hass und Zorn kannten. Tatsächlich unterschieden sie sich nur durch ihre Unsterblichkeit von den Sterblichen, die ihren Launen ausgeliefert waren.

Wie stellte man sich das Leben nach dem Tod vor?

„Sterbliche" heißen die Menschen bei den Dichtern der Griechen, denn dem Tod kann niemand entfliehen. Was aber kam nach dem Tod? Auf Könige und Göttersöhne

Ein Zentaur (Pferdemensch)

Satyrn, Waldgeister, die zum Gefolge des Dionysos gehörten

Phaethon

Auch der Sonnengott Helios hatte von einer Sterblichen einen Sohn, Phaethon, dem er unvorsichtigerweise versprach: „Du hast bei mir einen Wunsch frei." Gleich wünschte sich der Junge, einen Tag lang den Sonnenwagen lenken zu dürfen. Umsonst warnte ihn Apoll: Er musste schließlich nachgeben und zusehen, wie Phaethon die Feuer schnaubenden Pferde durchgingen und er einen Weltenbrand auslöste. Schließlich schleuderte Zeus ihn mit einem Blitz vom Wagen.

Helios, der Sonnengott, fährt mit seinem von vier Rossen gezogenen Wagen am Tag von Ost nach West über den Himmel.

wartete eine Art Paradies, das Elysion; besonders große Sünder kamen in den Tartaros und litten dort ewige Qualen wie z. B. Sisyphos, der ständig einen Felsblock auf einen hohen Berg wälzen musste. Hatte er es endlich geschafft, donnerte der Brocken wieder ins Tal.

Die allermeisten Menschen erwartete jedoch weder Lohn noch Strafe. Sie irrten als Schatten durch das düstere Totenreich und konnten sich an nichts mehr erinnern, denn sie hatten aus der Quelle des Vergessens getrunken.

Sisyphos bei seiner schweren, nie ans Ziel führenden Arbeit

Apoll und Marsyas

Unter den vielen Göttern der Griechen ist Apoll wohl der Schönste und vielleicht auch der Klügste: Er versteht sich auf Musik und Medizin, sagt die Zukunft voraus, ist ein toller Schütze und kann, wenn es sein muss, sogar Stadtmauern bauen. Doch leider hat er, wie die anderen Olympier auch, seine schlechten Seiten: Er ist, wenn er sich ärgert, heimtückisch und grausam. Das musste Marsyas, ein harmloser Satyr, erfahren, als er sich mit Apoll auf einen Wettkampf einließ.

Marsyas hatte nämlich die Flöte genommen, die die Göttin Athene erfunden hatte. Zwar klang das neue Instrument sehr hübsch, während sie darauf spielte, doch als sie im Spiegel ihre aufgeblasenen Backen sah, rief sie „Pfui!" und warf das Ding weit von sich. Dem Marsyas waren dicke Backen egal, und er blies die Flöte bald so herrlich, dass er sich für den besten Musikanten der Welt hielt. Also forderte er Apoll zum musikalischen Wettkampf heraus, und die erste Runde ging klar an ihn: Seine Flöte war einfach ausdrucksstärker als die Leier Apolls.

„Zweiter Durchgang!", rief Apoll, und: „Wer jetzt gewinnt, ist Sieger und darf mit dem Unterlegenen tun, was er will. Einverstanden?" – „Einverstanden!", sagte Marsyas, und das war sein Unglück: Apoll verlangte nämlich, er solle zu seinem Flötenspiel singen, genau wie er selbst, wenn er seine Leier zupfte. Doch was Apoll verlangte, kann niemand, kein Mensch, kein Satyr und auch kein Gott. Marsyas war ratlos, Apoll aber lachte böse, fesselte den armen Kerl, band ihn an einen Baum und zog ihm bei lebendigem Leib die Haut ab.

Die Erfindung des Wettbewerbs

Wann fand die erste Miss-Wahl statt?

Die alten Griechen hätten darauf sicher eine ganz ernsthafte Antwort gegeben: Wenige Jahre vor dem trojanischen Krieg, während einer Götterhochzeit, zu der Zeus alle Himmlischen eingeladen hatte mit Ausnahme von Eris, der Zwietracht. „Wenn die kommt“, dachte der Göttervater, „gibt es bestimmt Streit.“ Eris kam trotzdem, uneingeladen, und warf mit gellendem Gelächter einen goldenen Apfel in den Festsaal. „Der ist für die Schönste!“, rief sie und verschwand. Kaum war sie fort, stritten sich schon drei Göttinnen um den „Zankapfel“. Zeus aber, der sich selbst Ärger ersparen wollte, befahl dem Götterboten Hermes, die drei Damen zu einem jungen Mann namens Paris zu bringen; der machte dann als Ein-Mann-Jury Aphrodite, die Liebesgöttin, zur „Miss Olymp“.

Was ist ein Agon?

Die Sage vom „Urteil des Paris“ ist eine sehr griechische Geschichte: Kein anderes Volk der alten Welt war nämlich so auf Wettbewerbe versessen wie die Griechen. Natürlich haben auch die Assyrer und Ägypter, die Perser und Römer sich darin geübt, den Speer möglichst weit zu schleudern und mit dem Pfeil ins Schwarze zu treffen, doch bei ihnen war das Vorübung für den Krieg und nicht das, was wir heute Sport nennen. Den sportlichen Wettbewerb haben zweifellos die Griechen erfunden; sie nannten ihn „Agon“, dachten sich strenge

BESTECHUNG

Die drei Göttinnen fanden nichts dabei, dem jungen Paris verlockende Angebote zu machen: „Wenn du mir den Apfel gibst“, sagte Hera, „wirst du der mächtigste Mann auf der Welt.“ „Ich aber schenke dir Weisheit“, versprach Athene. „Und von mir“, lockte Aphrodite, „bekommst du die schönste Frau.“

Das Urteil des Paris war ein beliebtes Motiv bei Malern aller Epochen.

Olympia

Der Ort, wo nach der Überlieferung 776 v. Chr. die ersten olympischen Spiele stattfanden, liegt nicht, wie man vielleicht vermuten möchte, am Götterberg Olymp, der sich im Nordosten Griechenlands erhebt, sondern im Westen der Halbinsel Peloponnes, im Flusstal des Alpheios.
Die Spiele selbst nannten die Griechen *tà Olympia*, die Olympien. Eine Olympiade (*Olympias*) war die Spanne von vier Jahren zwischen den Olympien und ein wichtiges Element der Zeitrechnung: „Im dritten Jahr der vierundvierzigsten Olympiade" ist eine typisch griechische „Jahreszahl".

Wagenrennen in Olympia

Regeln aus und führten Siegerlisten. Bestzeiten beim Wettlauf, dem angesehensten Agon, konnten sie allerdings nicht festhalten: Sie hatten noch keine Stoppuhren.

Eine Rekonstruktion des heiligen Bezirks von Olympia mit dem Zeustempel; das Stadion lag außerhalb.

Im Übrigen wollten sie nicht nur wissen, wer im Ringen, Boxen, Weitsprung, Speer- und Diskuswerfen oder Wagenrennen der Beste war. Auch Sänger, Musiker und Dichter traten zum Wettbewerb an. Daran erinnert uns der Anfang einer berühmten Ballade Friedrich von Schillers: Zum Kampf der Wagen und Gesänge, der auf Korinthos Landesenge/ der Griechen Stämme froh vereint, zog Ibykus, der Götterfreund...

Leider ist der arme Ibykus nie beim großen Festival angekommen; er wurde nämlich umgebracht. Dieses sein tragisches Schicksal bringt uns darauf, dass auch die Dichter von Tragödien, d. h. von Theaterstücken mit traurigem Ausgang, sich miteinander maßen, streng nach dem Motto: „Wer schreibt das traurigste Trauerspiel?" Und was den Tragikern recht war, das war den Komödiendichtern billig. Sogar die Kriege zwischen den vielen Klein- und Kleinststaaten Griechenlands wurden lange Zeit wie Wettbewerbe zu bestimmten Zeiten und nach vorher vereinbarten Regeln ausgetragen. Nicht selten stritten Nachbarstädte jahraus, jahrein um dieselbe Bergwiese, und die jungen Leute hüben und drüben freuten sich wie die Kinder auf die nächste Keilerei. Dazu stellten sich die Krieger in gehörigem Abstand zueinander auf und rannten dann mit wildem Schlachtgebrüll gegeneinander. Der Lärm war wesentlich größer als die Verluste, die man sich gegenseitig zufügte. Es war eben kein echter Krieg, nur ein Agon. Schade ist, dass die Griechen es sehr bald lernten, echte und grausame Kriege gegeneinander zu führen.

Wo trainierten die Griechen und wofür?

Einen großen Teil des Tages verbrachten sportliche junge Griechen in der Palaistra, der Ringerschule, und auf dem Dromos, der Rennbahn. Beides zusammen nannte man Gymnasion. In dem Wort steckt *gymnos*, nackt, weil die Sportler zu den meisten Wettbewerben unbekleidet antraten. Deswegen war Frauen das Betreten eines Gymnasions oder das Zuschauen bei einem Agon streng verboten.

Solche Agone fanden in großer Zahl statt, und wer Zeit dazu hatte und hoch hinaus wollte, musste sozusagen in der Regionalliga starten, zum Beispiel im Gymnasion der nächsten größeren Stadt.

Der Ringkampf war die beliebteste Sportart im alten Griechenland; im Hintergrund zwei Hellanodiken.

An einem der bedeutenden Agone durfte nur teilnehmen, wer sich hinreichend qualifiziert, hart trainiert und die Wettkampfbestimmungen gepaukt hatte. Das allein konnte Monate dauern. Dafür winkte dem Sieger auch herrlicher Lohn. Der Kampfpreis selbst, meist ein zum Kranz geflochtener Zweig von einem heiligen Baum, hatte zwar nur symbolischen Wert, doch die Ehrungen und Geschenke, die ein Sieger in Olympia oder Delphi von seiner Heimatstadt erwarten durfte, waren nicht zu verachten: kostenlose Verpflegung im Rathaus, und zwar auf Lebenszeit, dazu eine Geldprämie aus der Staatskasse, völlige Steuerbefreiung, ein ständiger Ehrenplatz im Theater, eine Statue am Ort des Sieges, dazu das wunderbare Gefühl, eine Berühmtheit zu sein. „Geehrt wie ein Athlet“, sagte man in Hellas, wenn man von einem Superstar schwärmte.

Wie erging es den Besiegten?

„Dabeisein ist alles“, heißt es heute; „Siegen ist alles“, würden griechische Athleten sagen, „denn der Unterlegene hat zum Schaden auch noch den Spott!“ Über Freistilringer, die mit ausgekugelten Armen und gebrochenen Beinen vom Kampfplatz krochen, lachte man schallend, und besonders erheiternd fand man die Gesichter von Boxern, die mehrere Volltreffer abbekommen hatten, Auge oder Ohr verloren und oft mehr tot als lebendig vom Platz getragen wurden. Denn während heutzutage Boxhandschuhe die Wucht eines Schlags etwas abmildern, umwickelten sich die antiken Faustkämpfer Hände und Unterarme mit Lederriemen, in die kantige Eisenstückchen eingelassen waren.

DELPHI war der Ort, wo sich das berühmteste Orakel der Griechen befand. Außerdem fanden dort die Pythischen Spiele statt – angeblich zur Erinnerung an den Sieg des Gottes Apoll über einen scheußlichen Drachen namens Python. Als Siegespreis gab es einen Lorbeerkranz vom heiligen Baum des Gottes. Der Lorbeer ist im Griechischen – wie alle Bäume – weiblich und heißt *daphne.* Daphne war nach der Sage eine reizende Nymphe, in die sich Apoll verliebte. Sie aber wollte von ihm nichts wissen und bat ihren Vater, einen Flussgott, sie durch eine Verwandlung zu retten. Ihr Wunsch erfüllte sich: Sie wurde zum Lorbeerbaum. Der Baum ist seitdem dem Apoll heilig.

Hellanodiken hießen die vereidigten, regelkundigen Kampfrichter bei den Spielen in Olympia. Sie überwachten das Training der Athleten und die Wettbewerbe, konnten Teilnehmer disqualifizieren und strafen, verliehen die Kampfpreise und trugen die Sieger in die amtlichen Siegerlisten ein.

Stadion von Delphi – am Start

Startleiste für denWettlauf

Freistil

Im Gegensatz zum normalen Ringkampf, der nach strengen Regeln ausgetragen wurde, war beim „Allkampf", dem Pankration, nahezu alles erlaubt: Man durfte den Gegner schlagen, treten, ihm ein Bein stellen, ihm die Knochen brechen, die Glieder ausrenken und ihn würgen. Nur Beißen und Kratzen war verboten.

Springer glaubten, mit solchen Gewichten in der Hand größere Weiten erreichen zu können.

Wo und wie oft gab es große Agone?

Die bedeutendsten sportlichen und musischen Wettkämpfe fanden an fünf Orten in Griechenland statt: Auf der Halbinsel Peloponnes feierte man in Olympia alle vier und in Nemea alle zwei Jahre zu Ehren des Zeus die olympischen und nemeischen Spiele. Im mittelgriechischen Delphi, das als „Nabel der Welt" galt, fanden im Vierjahresrhythmus, und zwar immer drei Jahre nach den olympischen, die pythischen Spiele zu Ehren Apolls statt. Angeblich hatte sie der Gott selbst nach seinem Sieg über den riesigen Drachen Python gestiftet.

Alle zwei Jahre trafen sich Sportler und Sänger auf der Landenge, dem Isthmos, von Korinth, bei den isthmischen Spielen zu Ehren des Meergotts Poseidon. Kampfpreis war hier ein Fichtenkranz.

Am häufigsten, nämlich jedes Jahr, begingen die Athener ein großes Fest zu Ehren der Stadtgöttin Pallas Athene, die Panathenäen. Dazu gehörte neben den üblichen Wettbewerben eine prachtvolle Prozession, die am Haupttempel der Göttin, dem Parthenon, dargestellt war.

Während der großen Feste und der Zeit, in der die Teilnehmer an- und abreisten, ruhten alle Kriege; ganz Griechenland kannte da nur ein Gesprächsthema: Wer wird in welcher Disziplin der Beste sein?

Währenddessen studierten ganze Chöre Lieder ein, denn auch das gehörte zum Sportbetrieb: Die musikalische Siegerehrung. Unter den Dichtern gab es Spezialisten, die einen vorbereiteten langen Text in kurzer Zeit auf eine bestimmte Person zuschneiden konnten und sich ihre Arbeit von dem Geehrten teuer bezahlen ließen.

Boxer mit riemenumwickelten Händen und Unterarmen; in diese Riemen waren oft Metallstücke eingearbeitet.

An den Agonen durften nur frei geborene Griechen teilnehmen, also keine Sklaven und keine „Barbaren“, von denen sich die Hellenen nach eigener Ansicht in drei Punkten unterschieden: Durch die Sprache, durch die Religion, durch den Sport. Das waren zugleich die kräftigsten Klammern, die die vielen unabhängigen und zerstrittenen Kleinstaaten zusammenhielten. Trotzdem gab es schon früh Kritik an der Überbewertung sportlicher Leistungen:

Waren alle Griechen so sportbegeistert?

Reliefdarstellung des Festzugs der Panathenäen vom Parthenon in Athen

„Wenn jemand im Wettlauf siegt, im Fünfkampf, beim Ringen, im brutalen Boxsport oder im Pankration, dem schrecklichen Freistilringen, dann ist er für seine Mitbürger ein Held und erhält alle möglichen Ehren. Trotzdem ist der Mann nicht so viel wert wie ich, denn besser als körperliche Leistungsfähigkeit ist doch mein Wissen. Darum halte ich es für eine Dummheit, dass man rohe Kraft über solide Kenntnisse stellt. Denn was hilft es einer Stadt, wenn sie einen Boxer, Ringer oder Läufer als Bürger hat? Deswegen wird sie doch nicht besser regiert, und ihre Vorratskammern werden von einem Sieg in Olympia auch nicht voll.“ Das war, vor mehr als 2 500 Jahren, die Meinung des Philosophen Xenophanes, der – wohl, weil er mit solchen Ansichten seine Mitbürger gegen sich aufbrachte – seine Heimatstadt verlassen und in die Verbannung gehen musste.

Diskuswerfer – römische Marmorkopie nach einem Bronzeguss

Jahrhunderte später, als Griechenland längst seine Freiheit verloren hatte und der Glanz der großen Feste verblasst war, konnte der Spötter Lukian ungestraft über den Sportbetrieb lästern. Vielleicht hatte er als Syrer keinen rechten Sinn für die griechische Art Sport zu treiben. Auch die Römer, die sonst den Griechen alles Mögliche nachmachten, konnten sich dafür nicht erwärmen. Der Agon war eben wirklich eine typisch griechische Angelegenheit.

Hellas

ELLAS nennen die heutigen Griechen ihr Land; man kann das Wort zum Beispiel auf griechischen Briefmarken lesen und sollte dabei ein wenig

die Luft anhalten: denn dieser Name ist mittlerweile fast dreitausend Jahre alt! Bei Homer bezeichnet er eine Landschaft in Mittelgriechenland, doch schon der zweite große Dichter der Griechen, Hesiod, nennt ganz Griechenland Hellas und verwendet den Namen Hellenes als Sammelbegriff für die verschiedenen Stämme der Griechen. Geschrieben wird er noch wie zur Zeit des Hesiod, nur die Aussprache hat sich ein wenig geändert: „Ellines“ sagt man heute.

Nachdenken als Beruf

Denker im Vatikan

Im Jahr 1509 beauftragte Papst Julius II. den berühmten Maler Raffael, einige Räume im Vatikan zu Rom mit Wandgemälden zu schmücken. Eines davon zeigt große Denker der Griechen, die man in jener Zeit wiederentdeckte. Raffael hat sie in einen gewaltigen Raum gestellt und den beiden bedeutendsten Philosophen den Platz in der Mitte zugewiesen: Es sind Platon (der eben die Hand hebt) und sein Schüler Aristoteles (der ein Buch hält).

Was ist das, ein Philosoph?

Natürlich haben die Griechen das Denken nicht erfunden, aber sie haben etwas Besonderes daraus gemacht: das Philosophieren. Ein „Philosophos" ist ein Mensch, der „die Weisheit liebt" – also jemand, dem es Spaß macht, zu lernen, sich Gedanken zu machen, Fragen zu stellen, zum Beispiel: „Woraus besteht diese Welt?" Die Antwort „Na, aus dem, was man so sieht!", würde einen richtigen Denker nicht befriedigen.

Er hat nämlich beobachtet, dass das meiste, was man sieht, sich verändert, dass Lebewesen entstehen und vergehen, dass Holz zu Asche verbrennt, dass Vulkane ausbrechen oder die Erde bebt.

Nun möchte er wissen, warum das alles geschieht. „Das bewirken die Götter", hört er von den Priestern: „Aphrodite lässt die Blumen blühen, Demeter das Korn wachsen; wenn Poseidon seinen Dreizack in die Erde stößt, erbebt sie, im Ätna ist die Schmiede des Hephaistos." Aber unser Denker hat noch nie einen Gott bei der Arbeit gesehen, kann sich auch nicht vorstellen, dass Götter arbeiten müssen, und sucht für das, was ihm unklar ist, nach „natürlichen" Erklärungen. „Die Erde, auf der wir leben, ist von Wasser umgeben", stellt er fest. „Vermutlich schwimmt sie darauf wie ein Schiff, und wie Schiffe bei schwerer See schwanken, schwankt auch sie hin und wieder!"

In seiner „Schule von Athen" stellt Raffael die Leistungen der Vergangenheit als Vorbild für die Gegenwart dar.

Thales hieß der Mann, dem diese Erklärung um 600 v. Chr. einfiel. Heute wissen wir, dass sie nicht stimmt; Thales aber war der erste Philosoph, der das Naturgeschehen natürlich erklären wollte. Er hat damit einen gewaltigen Schritt nach vorn getan, auch wenn seine Erklärungen im Einzelnen unzutreffend sind. Seiner berühmtesten Erkenntnis kann allerdings auch die moderne Wissenschaft zustimmen: „Alles ist aus dem Wasser entstanden."

Hundertfünfzig Jahre nach Thales kam Leukippos, ein anderer Philosoph, durch Nachdenken zu dem Ergebnis, dass alles, was wir sehen, aus kleinsten, nicht mehr teilbaren Teilchen besteht. Diese Teilchen nannte er Atome.

Sokrates muss im Gefängnis den Giftbecher trinken.

Was hat Sokrates geleistet?

Thales, Leukippos und viele andere Philosophen des 6. und 5. Jahrhunderts v. Chr. nennt man „Vorsokratiker". Damit ist ausgedrückt, dass der Athener Sokrates dem Denken eine neue Richtung gegeben hat. Ihm ging es nicht mehr um Naturerklärung; seine Gedanken kreisten um ein besonders rätselhaftes Wesen: den Menschen. „Warum", fragte sich Sokrates, „tun Menschen Böses? Liegt es an der Erziehung? Was muss man dann tun, damit jemand ein guter Mensch wird? Oder tun sie das Verkehrte aus Unverstand? Wie kann man sie dann zur Vernunft bringen?"

Sokrates wollte in einer schwierigen Zeit seinen Zeitgenossen helfen. Er setzte dabei auf die Macht des Wortes und nahm sich Zeit für lange Gespräche. Dabei spielte er nicht den großen Weisen, sondern gab zu, dass er selbst noch ein Suchender sei. Von anderen Lehrern, die behaupteten, das rechte Wissen zu haben, und die versprachen, ihre Schüler „besser" zu machen, hielt er wenig. „Sie bilden sich nur ein, etwas zu wissen", meinte er. „Ich tue das nicht, und deswegen bin ich vielleicht ein klein wenig klüger als jene: Ich weiß wenigstens, dass ich nichts weiß."

Sokrates machte es Spaß, den Dummen, Unwissenden zu spielen; er stellte scheinbar naive Fragen, verwickelte seine Gesprächspartner in Widersprüche und bewies ihnen am Ende, dass sie von Dingen, die sie zu kennen glaubten, keine Ahnung hätten. Auf diese Weise machte er sich viele Feinde. Schließlich

Der Philosoph Sokrates (um 470-399 v. Chr.) befasste sich mit den menschlichen Tugenden.

Sein oder Nichtsein

Ein Denker namens Parmenides zerbrach sich über die Frage den Kopf, ob etwas, das ist, nicht sein kann. „Ist doch klar", sagen wir: „Von einem Ding, das existiert, kann ich nicht behaupten, es existiert nicht." „Freilich", würde Parmenides entgegnen, „aber du siehst doch, dass der Tisch hier hart ist und nicht weich, dass er braun ist und nicht grün, dass er aus Holz ist und nicht aus Butter. Er ist also zugleich und ist nicht? Das ist doch verrückt! Ich glaube, die ganze Welt, so wie wir sie sehen, ist verrückt – die bilden wir uns nur ein!"

Ein Philosoph (mit Buchrolle) im Kreise seiner Schülerinnen und Schüler (Sarkophag, 2. Jh. v. Chr.)

wurde er beschuldigt, die Götter nicht zu achten und die Jugend zu verderben. Mit dem ersten Vorwurf brauchte er sich nicht lange abzugeben: Er war ein frommer Mensch. Anders stand es mit dem zweiten, denn ohne Zweifel hatte er die Jugend zu kritischen Fragen ermuntert. „Das muss ich tun", versicherte Sokrates. „Diese Stadt braucht einen Unruhestifter."

Die Richter sahen das anders und sprachen ihn schuldig. Darauf sollte das Strafmaß bestimmt werden. „Er soll sterben", verlangten die Kläger. „Ich könnte eine kleine Geldbuße zahlen", meinte Sokrates. „Aber eigentlich habe ich für mein Tun nicht Strafe, sondern Belohnung verdient, zum Beispiel lebenslang freie Verpflegung im Rathaus – genau wie ein Olympiasieger."

Sokrates' Wirken wurde vor allem durch seinen Schüler Platon (427-347 v. Chr.) bekannt.

Das gefiel den Richtern gar nicht und sie verurteilten den unbequemen Mann zum Tod. Freilich tat ihnen das bald leid – ganz Griechenland schaute auf Athen, das einen bekannten Denker umbringen wollte. Also ließen sie ihren Gefangenen sehr nachlässig bewachen – doch Sokrates tat ihnen nicht den Gefallen zu fliehen. „Man muss den Gesetzen gehorchen", sagte er, „selbst wenn man dabei Unrecht erleidet."

Was kam nach Sokrates?

Im Gegensatz zu den meisten anderen Philosophen hat Sokrates nichts Schriftliches hinterlassen. Darum kennen wir ihn nur aus den Schriften seiner Schüler, die kein einheitliches Bild ergeben. Außerdem haben die Männer, die bei Sokrates das kritische Denken lernten, ganz unterschiedliche Wege eingeschlagen. Dabei beriefen sie sich gern auf ihren Lehrer, und der Bedeutendste unter ihnen, der Philosoph Platon, ging sogar so weit, dass er in fast allen seinen Schriften Sokrates in den Mittelpunkt stellte. Wir können daraus schließen, welche Wirkung von diesem seltsamen Menschen ausging und warum man auch heute noch von vielen tausend Philosophen, die seit Sokrates gelebt haben, ihn selber oft als den Wichtigsten nennt.

Fünfzig goldene Jahre

Was brachte Athen nach oben?

Unter den vielen Kleinstaaten der Griechen gehörte Athen mit seinem Umland, der Halbinsel Attika, zu den größeren. Besonders mächtig war es aber nicht, vor allem nicht im Vergleich mit dem Kriegerstaat der Spartaner, die den größten Teil der Halbinsel Peloponnes beherrschten. Vor ihnen nahmen sich die Athener schwer in Acht, denn sie selbst waren längst nicht so kampferfahren.

Weniger Angst hatten sie vor den Persern – das waren in ihren Augen ja nur „Barbaren". Deswegen begingen sie einen beinahe tödlichen Fehler: Sie mischten sich in einen Aufstand gegen den Perserkönig ein und brachten diesen auf die Idee, das kleine, schwache Griechenland zu erobern. Eine Perserflotte nahm Kurs auf Attika. Die Spartaner, die man zu Hilfe rief, erklärten, sie könnten aus religiösen Gründen vor dem nächsten Vollmond nicht losmarschieren. Also mussten die Athener sich selbst ihrer Haut wehren und schafften das Wunder: Bei dem Dorf Marathon warfen sie 490 v. Chr. die Perser ins Meer zurück! Ein Bote soll damals die 42 km bis Athen in einem Stück gerannt sein und den Sieg gemeldet haben – das war der erste Marathonlauf.

Zehn Jahre später kamen die Perser wieder, mit einer großen Flotte und einem starken Heer. Jeder Widerstand schien zwecklos, Athen, dessen Bevölkerung auf den Rat des Feldherrn Themistokles geflüchtet war, brannte – und dann ereignete sich das Wunder Nummer zwei: Die kleinen, wendigen Schiffe der Athener siegten über die dicken Galeeren der Perser! Der Perserkönig, der auf einen leichten Sieg gehofft hatte, flüchtete Hals über Kopf, und als im nächsten Jahr die Spartaner sein Landheer besiegten, gab er seinen Eroberungsplan auf.

Perserschutt

Bei ihrem Einmarsch in Athen verwüsteten die Perser auch die Tempel auf der Akropolis – aus Rache für ihre Niederlage bei Marathon. Als nach dem Ende des Krieges der Wiederaufbau begann, musste jede Menge Schutt auf dem Burgberg beseitigt werden. Im Schutt aber lagen zerschlagene Götterbilder, Figurenschmuck der Tempel und zahllose Weihgaben. Diese heiligen Überreste ließen die Athener hinter Mauern am Berghang verschwinden. Dort haben sie die Archäologen entdeckt, waren überglücklich und am Ende den Persern sogar dankbar.

Ein griechisches Kriegsschiff in voller Fahrt

Mädchenstatue aus dem Perserschutt der Akropolis

Was war Sparta?

Sparta war in vielem anders als all die anderen Griechenstädte – vor allem: Es war gar keine Stadt, sondern ein Zusammenschluss von mehreren Dörfern ohne einen rechten Mittelpunkt und ohne Ummauerung.

Krieger waren praktisch alle erwachsenen Spartaner, seitdem sie die fruchtbare Landschaft Messenien erobert und die Bewohner zu Sklaven gemacht hatten. Diese versuchten mehrfach in blutigen Aufständen, ihre Unterdrücker zu vertreiben, was die Spartaner zu ständiger Kampfbereitschaft zwang. Gleichzeitig kapselten sie sich immer mehr von den übrigen Griechen ab: Fremde wurden ausgewiesen und der Handel dadurch abgewürgt, dass man den Besitz von Gold- und Silbermünzen verbot. „Wisst ihr", fragten die Spötter in Athen und anderswo, „warum die Spartaner so gern den Heldentod sterben? Weil sie dann nicht mehr ihre Schwarze Suppe fressen müssen!"

Diese Suppe – die besser gewesen sein soll als ihr Ruf – löffelten die erwachsenen Spartaner bei ihren gemeinsamen Mahlzeiten. Viel Privatleben erlaubte ihnen ihr Staat nicht. Auch die überaus brutale Erziehung der Kinder war eine Staatsangelegenheit: Schwache und Behinderte wurden gleich nach der Geburt ausgesetzt. Vom sechsten Lebensjahr ab wurden die Jungen in Rotten zusammengefasst, die unter Anleitung eines älteren Kriegers nur eines lernten: Härte. Ihr Essen mussten sich die Rottenmitglieder stehlen – und wurden fürchterlich verprügelt, wenn man sie dabei erwischte. Ja, es war wirklich kein Spaß Spartaner zu sein!

Welche Vorteile hatte Athen von seinem Seebund?

„Die wahren Sieger", dachten die Athener, „sind wir; nur wir mit unserer Flotte können die Griechen auf den Inseln beschützen. Wir werden ein Verteidigungsbündnis mit ihnen schließen! Wer mitmacht, stellt entweder Schiffe oder zahlt Geld in die Bundeskasse." Viele Staaten schlossen sich dem Seebund an und das Geld klingelte in der Bundeskasse. Bald fanden die Politiker in Athen, dass man damit nicht nur Schiffe bauen, sondern auch die eigene Stadt verschönern könnte. Schließlich war sie von den Persern verwüstet worden.

Den Verbündeten gefiel das gar nicht; manche wollten sogar aus dem Bund austreten, weil von den Persern keine Gefahr mehr drohte – aber da kamen sie bei den Athenern schlecht an: Die wollten nämlich das Bündnis mit den anderen in eine Herrschaft über die anderen verwandeln und waren bereit, gegen Widerspenstige sogar Gewalt anzuwenden. Das fiel ihnen umso leichter, als die Spartaner damals durch ein katastrophales Erdbeben und Aufstände in ihrem Herrschaftsbereich geschwächt waren.

Im Lauf der Zeit wurde Athen zu einem blühenden Handelszentrum, auf dessen Märkten alle möglichen Waren reichlich und billig angeboten wurden. Die Schiffe der Athener, die im Ägäischen Meer kreuzten, sorgten außerdem dafür, dass keine Piraten die Handelswege unsicher machten und keine Fremden ihre Geschäfte störten.

Auf den Ruderbänken der attischen Flotte saßen keine Sklaven, sondern Bürger aus der Unterschicht. Deren Selbstbewusstsein war nach den Perserkriegen sehr gewachsen; darum verlangten sie mehr politischen Einfluss und bekamen ihn auch, weil fähige Politiker ihre Forderungen unterstützten: Jeder Bürger sollte das Recht haben, in der Volksversammlung seine Meinung zu sagen, jeder sollte die Chance erhalten, Staatsbeamter oder Richter zu werden, niemand sollte durch Armut daran gehindert werden, sich politisch zu betätigen. Diese Chancengleichheit erreichte man auf zwei Wegen: Fast alle Staatsämter wurden durch das Los vergeben und für jede politische Tätigkeit, angefangen beim Besuch der Volksversammlung, gab es Geld aus der Staatskasse.

War die Demokratie in Athen eine Demokratie?

„Das ist jetzt endlich die totale Demokratie, die Herrschaft des Volkes", mögen manche Athener gedacht haben, „nun trifft das Volk, der Demos, alle wichtigen Entscheidungen!" Wer aber war das Volk? Es waren lediglich die erwachsenen Bürger Athens. Keine politischen Rechte hatten die Frauen, die Sklaven und die vielen in Athen lebenden Zuwanderer aus anderen Griechenstädten, die zwar frei, aber eben keine Bürger waren.

Auch mit dem „Volkswillen" war es so eine Sache: Wer bei einer Debatte in der Volksversammlung seine Argumente überzeugend vortrug, brachte das Volk leicht auf seine Seite. Es war wie Wachs in den Händen eines guten Redners, vor allem, wenn der Mann auch noch gut aussah. Ein solcher Mann war Perikles, der mehr als fünfundzwanzig Jahre lang in Athen so großen Einfluss hatte, dass der Historiker Thukydides (460-400 v. Chr.) schrieb: „Dem Namen nach war es eine Demokratie, in Wirklichkeit die Herrschaft eines einzigen Mannes." Das „perikleische Zeitalter" war der glanzvolle Höhepunkt der fünfzig Jahre zwischen dem Sieg über die Perser und dem Tod des großen Staatsmanns.

Unter Perikles (um 495–429 v. Chr.) erreichte Athen den Höhepunkt seiner Macht.

In dieser Zeit entwickelte sich Athen zur strahlenden Mitte Griechenlands. Großartige Bauten entstanden, allen voran die Tempel auf der Akropolis. Künstler, Dichter und Philosophen, deren Namen noch heute einen guten Klang haben, fanden sich in Athen zusammen und gingen bei Perikles ein und aus, denn er war ein hoch gebildeter,

Wie wurde Athen zur „Bildungsstätte Griechenlands"?

Blütezeit Athens

In einer bei dem Historiker Thukydides überlieferten Rede des Perikles heißt es: „... die Lebensqualität in unserer Stadt ist unerreicht: Während des ganzen Jahres finden sportliche Veranstaltungen und Feste statt; unsere Häuser sind wunderschön eingerichtet, sodass wir uns täglich daran freuen können, und weil diese Stadt so groß und mächtig ist, kommen die Handelsgüter der ganzen Welt zu uns. ... Wir lieben das Schöne und bleiben bescheiden, wir lieben die Bildung und achten zugleich darauf, körperlich fit zu bleiben ... kurz, unsere Stadt ist zu einer Bildungs- und Erziehungsstätte für ganz Hellas geworden, in der jeder Bürger die besten Möglichkeiten hat, sich zu einer unabhängigen Persönlichkeit zu entwickeln."

Perikles spricht vor der Volksversammlung. Im Hintergrund ist die Akropolis mit dem großen Tempel der Athene, dem Parthenon, zu sehen.

vielseitig interessierter Mensch. Außerdem war er stolz auf sein Athen, machte eine gute Politik und war – was damals wie heute keineswegs selbstverständlich ist – nicht auf seinen eigenen Vorteil aus.

Seinen Feinden, die er trotz alledem hatte, fiel es somit äußerst schwer, ihn selber anzugreifen. Deswegen machten sie seiner Frau, die nicht aus Athen stammte, durch gehässige Nachrede das Leben schwer, und empörten sich über „Gotteslästerer“, die in seinem Haus verkehrten.

Einer davon war der Philosoph Anaxagoras (um 500-428 v. Chr.), der es gewagt hatte, die Sonne als einen glühenden Gesteinsklumpen zu bezeichnen. Anaxagoras musste deswegen die Stadt verlassen; Perikles aber blieb – solange es Athen blendend ging, war er nicht zu stürzen.

Nicht Säulen, sondern Koren (langgewandete Mädchen) tragen die Decke des Erechtheion, des zweitgrößten Tempels auf der Akropolis.

Zu den wichtigen Tempeln auf der Akropolis gehört auch der Tempel der Nike, der Göttin des Sieges.

Wie kam es, dass Athens Herrschaft zusammenbrach?

Man kann es verstehen, dass die Spartaner mit Neid und Argwohn auf Athen blickten und sich die alten Zeiten zurückwünschten, da sie, die rauen Krieger, in Griechenland den Ton angaben. Perikles wusste, dass es irgendwann Krieg mit Sparta geben würde, er aber wollte die Auseinandersetzung möglichst lange aufschieben und, wenn sie einmal unvermeidlich sein sollte, möglichst wenig riskieren.

Als es 431 zum großen Krach kam, holte er die Landbevölkerung hinter die uneinnehmbaren Mauern, die nach den Perserkriegen auf Betreiben des Themistokles zum größten Ärger der Spartaner erbaut worden waren, und nahm in Kauf, dass die Feinde in Attika einfielen, die Dörfer niederbrannten, die schönen alten Ölbäume abholzten und so viel Schaden wie möglich anrichteten.

AKROPOLIS

Wörtlich übersetzt ist die Akropolis eine Ober-Stadt (aus *polis*, Stadt, und *akron*, oben), eine befestigte Anlage über der eigentlichen Siedlung, auf der sich in der Regel die wichtigsten Tempel befanden. Auf der Akropolis von Athen waren das der Parthenon („Jungfrauentempel") für die Stadtgöttin Athene, das Erechtheion, das seinen Namen von einem Schützling Athenes, dem erdgeborenen König Erechtheus, hat, und ein kleinerer Tempel für die Siegesgöttin Nike.

DIE „SIZILISCHE EXPEDITION"

In den Steinbrüchen von Syrakus starben zahlreiche Athener.

Die größte Dummheit, die sich die Athener im Verlauf des langen Kriegs leisteten, war der Versuch, die reiche Insel Sizilien zu erobern. Dort gab es mehrere von Griechen gegründete Städte. Die mächtigste von ihnen war Syrakus. Vor ihren festen Mauern scheiterte 415 v. Chr. die „sizilische Expedition"; etwa 7 000 Athener gerieten in Gefangenschaft und wurden in die weitläufigen Steinbrüche der Stadt zur Zwangsarbeit gebracht. Dort schufteten sie in Hitze und in Kälte, von Hunger und Durst und unerträglichem Gestank gequält, neben den zu Haufen geschichteten Leichen derer, die Entbehrung und Krankheit dahingerafft hatten. Nur wenige Hundert überlebten und kehrten nach Jahren in ihre Heimat zurück.

Dasselbe taten nämlich die Schiffsbesatzungen Athens an den Küsten der Peloponnes. „Den Spartanern geht eher die Luft aus als uns", meinte Perikles; was er nicht vorhersehen konnte, war eine Epidemie, die unter den Flüchtlingen in der Stadt ausbrach und Tausenden das Leben kostete. Auch Perikles starb an dieser „Pest". Die Politiker, die ihm folgten, setzten zwar den Krieg fort, machten aber so viele Fehler, dass schließlich – von den Persern mit Geld unterstützt – die Spartaner obenauf waren. Athen verlor 404 v. Chr. den Krieg und wäre, wenn Sparta auf seine Verbündeten gehört hätte, dem Erdboden gleich gemacht worden. Dieses Schicksal blieb der Stadt erspart, aber mit ihrer Macht und Größe war es vorbei.

Der Parthenon („Jungfrauentempel") auf der Akropolis von Athen. Hier wurde die Stadtgöttin Athene verehrt.

Maskiert auf dicken Sohlen

Wann trug man in Hellas Masken und warum?

Masken lassen uns an Fasching, Karneval, Fastnacht denken – ist das am Ende auch eine griechische Erfindung? Die Antwort muss diesmal ein entschiedenes „Nein!" sein, denn Maskerade und Verkleidung gab es bereits in grauer Vorzeit, als die Menschen in Höhlen lebten und das Mammut jagten.

Damals waren es wohl die Stammeszauberer, die gewissermaßen eine andere, dämonische Gestalt annahmen, wenn sie Kranke heilten oder das Jagdglück beschworen. Bei so genannten Naturvölkern gehören Masken, Magie und Gottesdienst noch heute eng zusammen, und im alten Griechenland war das nicht anders. Während der Feste zu Ehren des Weingotts Dionysos verkleideten sich Sänger und Tänzer als Satyrn, wurden so zum halbtierisch-halbgöttlichen Gefolge des Gottes und führten bestimmte Handlungen vor. Das griechische Wort für „Handlung" ist *drama*. Damit bezeichnen wir heute in erster Linie Schauspiele, darüber hinaus aber jedes „dramatische" Geschehen, das uns erregt und erschüttert.

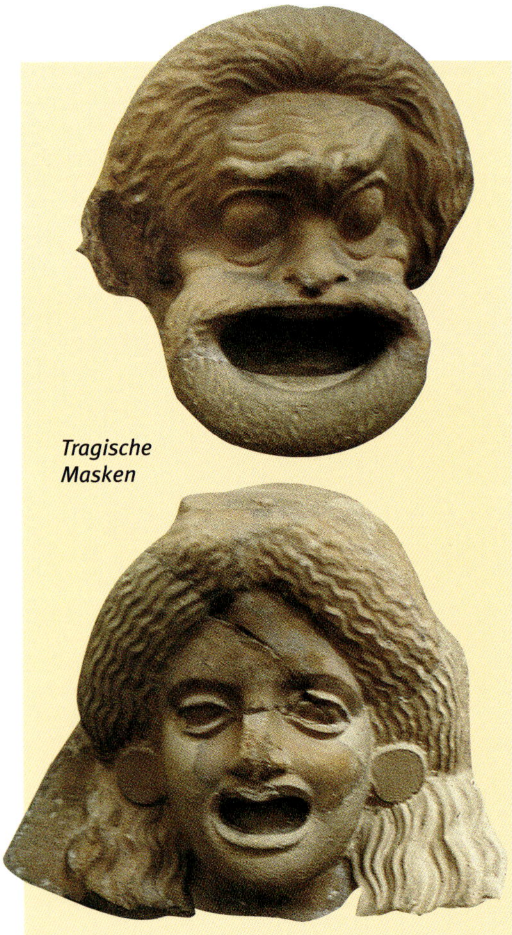

Tragische Masken

Wie entstand das antike Theater?

Aus dem ursprünglich ebenso schlichten wie derben Maskentreiben der Satyrn haben sich zwei Arten von Dramen entwickelt: Tragödie und Komödie. Tragödie bedeutet „Bocksgesang"; vielleicht, weil man die Satyrn „Böcke" nannte; vielleicht, weil dem Dionysos ein Bock geopfert wurde; vielleicht auch, weil es einen Bock als Siegespreis gab.

Die *komodia* war ursprünglich der Gesang beim ausgelassenen Umzug, dem *komos*. Dabei pflegten sich die Maskenträger gegenseitig zu verspotten und die Zuschauer zum Lachen zu reizen. Vielleicht gab es auch dann und wann einen Vorsänger oder Hauptdarsteller, auf dessen Verse ein Chor antwortete, genau wie in den ältesten griechischen Tragödien, die um 530 v. Chr. auf provisorischen Bühnen aufgeführt wurden. Der „Protagonist" konnte dabei, indem er zwischen den einzelnen Szenen die Masken wechselte, verschiedene Rollen übernehmen,

Sophokles

(497 – 406 v. Chr.) dirigierte 480 v. Chr. einen Knabenchor, als Athen den Seesieg über die Perser bei Salamis feierte. Er war ein ausgesprochen schöner Mann von gewinnendem Wesen und errang achtzehnmal den Sieg im Agon der Tragiker. Eines seiner eindrucksvollsten Stücke ist der „König Ödipus", ein regelrechter Krimi, in der ein Vatermörder wider Willen sich selbst entlarvt und richtet.

Euripides

(um 480 – 406 v. Chr.) brachte, wie seine Zeitgenossen meinten, die Menschen so auf die Bühne, wie sie sind. Berühmt sind seine tragischen Frauengestalten, zum Beispiel die Zauberin Medeia oder Agamemnons Tochter Iphigenie, die vom eigenen Vater zum Opfertod bestimmt ist und später, von der Göttin Artemis gerettet, beinahe den eigenen Bruder eben dieser Göttin als Opfer schlachtet.

Komödienschauspieler

Aufführung der Komödie „Die Frösche“ von Aristophanes

AISCHYLOS

(um 525 – 456 v. Chr.) nahm an den Perserkriegen teil und brachte dieses historische Ereignis in seiner Tragödie „Die Perser“ auf die Bühne. Weitere Werke waren: „Sieben gegen Theben“, „Der gefesselte Prometheus“, „Agamemnon.“

hatte aber zunächst keinen Partner auf der Bühne. Den führte um 500 Aischylos ein, der erste der drei großen Tragiker aus Athen. Auf ihn geht auch der Brauch zurück, nach drei Tragödien, die hintereinander aufgeführt wurden, ein lustiges Satyrspiel zu bringen – so konnten sich die von den oft grausigen Tragödienhandlungen erschütterten Zuschauer lachend abreagieren.

Die Aufführungen fanden am Südhang der Burg von Athen, der Akropolis, in einem dem Dionysos heiligen Bezirk statt; das älteste Theater war eine Holzkonstruktion, die bald durch einen Steinbau ersetzt wurde. Nach seinem Vorbild wurden im Lauf der Zeit an vielen Orten im Mittelmeerraum Theater errichtet. Die Zuschauer saßen im Halbkreis auf ansteigenden Sitzreihen rings um die Orchestra, in der der Chor sang und tanzte. Dahinter erhob sich der Bühnenbau, die Skene – heute sagen wir „Szene". Außer den Masken trugen die Schauspieler bunte, lange Gewänder und Stiefel mit sehr dicken Sohlen, so genannte Kothurne. Dadurch erschienen sie übermenschlich groß.

Zwei bedeutende Tragödiendichter sollte man sich – neben Aischylos – merken: Sophokles, der den dritten Schauspieler einführte und Stücke schrieb, die auch heute noch einen tiefen Eindruck hinterlassen, sowie Euripides, der mit besonderem Einfühlungsvermögen Frauenrollen gestaltete. Gespielt wurden sie allerdings von Männern.

Eine der berühmtesten Frauengestalten ist Antigone, die Heldin der gleichnamigen Tragödie des Sophokles. Als ihre beiden Brüder Eteokles und Polyneikes sich im Streit um die Königskrone von Theben gegenseitig erschlagen haben, verbietet es Kreon, der neue Herrscher der Stadt, die Leiche des Polyneikes zu beerdigen, weil er Theben angegriffen habe. Antigone hält es für ihre heilige Pflicht, dem Toten die letzte Ehre zu erweisen und übertritt das Gebot des Königs. Dabei wird sie gefasst, verurteilt und lebendig begraben. Ihr Verlobter, Kreons Sohn Haimon, will sie retten, sie aber hat sich im Grab erhängt; da tötet sich Haimon, seine Mutter stirbt vor Schmerz und Kreon bereut zu spät seinen Starrsinn. „Nie, auch nicht im Tod, wird aus dem Feind ein Freund!", sagt Kreon. Antigone entgegnet: „Nicht mitzuhassen, mitzulieben bin ich da!"

Was passierte in einer Komödie?

Da in der Regel Dramen nur ein einziges Mal aufgeführt wurden, mussten für die Götterfeste ständig neue verfasst werden; in dreihundert Jahren kamen auf diese Weise rund 2000 Komödien zusammen. Davon sind nur zwölf vollständig erhalten: Elf von Aristophanes, der im 5. Jahrhundert v. Chr. lebte, und eine von dem gut hundert Jahre jüngeren Menander. Bei dieser handelt es sich um ein harmloses lustiges Spiel, wie man es auch heute noch auf die Bühne bringen kann: Die Hauptperson, der Griesgram, nach dem die Komödie ihren Titel hat, ist ein alter, besonders unfreundlicher Bauer, der einem netten jungen Mann seine Tochter verweigert, bis er nach allerlei komischen Verwicklungen der

Komödienszene – die Dichter brachten gern Konflikte zwischen Alt und Jung auf die Bühne.

Singspiele

Die antiken Tragödien und Komödien erinnern etwas an unsere Opern und Operetten: Es fehlten weder die Musikbegleitung noch Balletteinlagen, die Schauspieler sangen Arien, der Chor stimmte ein und dazwischen gab es Sprechpartien.

Mord auf offener Bühne?

Zwar geht es in den griechischen Tragödien sehr grausig zu, doch war es ein ungeschriebenes Gesetz, das Grausige nicht zu zeigen. Darum ermordet Medeia ihre Söhne hinter der Bühne – man hört nur Schreie – und Klytaimnestra erschlägt den heimgekehrten Agamemnon ohne Publikum. Das erfährt erst durch eine Erzählung von der furchtbaren Tat.

Aristophanes

(um 445 – um 387 v. Chr.) In seinen Komödien spiegelt sich der große Krieg zwischen Athen und Sparta. Zugleich wird deutlich, wie sehr sich der Dichter und sein Publikum nach Frieden sehnten.

Heirat endlich zustimmen muss.

Von dieser „Typenkomödie“, die weitgehend ohne Chor auskommt, sind die Stücke des Aristophanes grundverschieden. Hier gibt es, wie in der Tragödie, einen Chor, der abenteuerlich verkleidet auftritt, zum Beispiel als Wespen, Vögel oder Frösche und dementsprechend summt, zwitschert oder quakt: brekekekex, koax, koax. Die Schauspieler tragen groteske Masken, ausgestopfte Bäuche und ein entsprechend dickes Hinterteil zur Schau, gehen aber nicht auf Kothurnen wie in der Tragödie.

Schauspieler führen eine Volksposse auf (Vasenmalerei aus Paestum, um 350 v. Chr.).

Die Handlung ist phantastisch und gewürzt mit bissigen Seitenhieben auf Politiker und andere Prominente von Athen. Aristophanes unterhielt sein Publikum auf dieselbe Weise wie es heute scharfzüngige Kabarettisten tun. Die Freiheit dazu gewährte ihm die Demokratie. Als sie zusammenbrach, war es auch mit der frechen und bissigen „alten Komödie“ vorbei.

In den „Vögeln“ verlassen zwei Athener, Rategut und Hoffeschön, ihre Heimatstadt, weil ihnen die Zustände dort nicht mehr passen, und gelangen ins Reich der Vögel. Denen schlägt Rategut vor, zwischen Himmel und Erde eine feste Stadt zu gründen, die Nephelokokkygia – Wolkenkuckucksheim – heißen soll. Da die neue Stadt den Opferdampf, von dem die Götter leben, nicht mehr in den Himmel aufsteigen lässt, werden diese bald abdanken müssen – und so kommt es auch: Die Vögel treten die Weltherrschaft an. Als nun aus Athen und sonst woher allerlei Gelichter nach Wolkenkuckucksheim strömt, wird es von den neuen Herren unter großem Hallo gefeuert. Die Vogelstadt soll „sauber“ bleiben. Am Ende bekommt Rategut Flügel verpasst, darf eine Göttin heiraten und wird König über alles, was fliegt.

Wie böse war die alte Komödie?

Diese märchenhafte Handlung klingt, wenn man sie knapp zusammenfasst, ganz harmlos. Im Stück selbst aber ist viel Kritik versteckt. Ja, Aristophanes konnte sehr bissig, sehr verletzend sein, und manchmal schoss er wohl über das Ziel hinaus, zum Beispiel, als er den Philosophen Sokrates in seinen „Wolken“ zum üblen Wortverdreher machte, der jungen Leuten beibringt, dass es ganz gut und richtig ist, wenn sie den eigenen Vater verhauen. Es mag sein, dass er mit diesem falschen Bild von Sokrates sogar dazu beigetragen hat, dass dieser zum Tod verurteilt wurde. Andererseits haben die Athener gemerkt, dass an dem Stück etwas faul war: Es bekam von den Wettkampfrichtern keinen Preis zuerkannt.

Sitzreihen des Theaters von Epidaurus auf der Peloponnes

Wie kam ein Drama auf die Bühne?

Genau wie heute konnte das antike Theaterwesen nur funktionieren, wenn gute Fachleute mitwirkten und wenn der ganze Festspielbetrieb gut organisiert war. Wie ernst die Athener das nahmen, geht daraus hervor, dass höchste Staatsbeamte für die reibungslose Durchführung der großen Dionysosfeste verantwortlich waren. Sie nahmen die Bewerbungen der Dichter entgegen, die ihre Werke aufführen wollten, prüften die Entwürfe und wählten die besten Stücke aus. Danach teilten sie den Autoren Chöre zu und bestimmten so genannte Choregen. Das waren reiche Leute, die „die Ehre hatten“, alle anfallenden Kosten zu bezahlen.

„Das ist ganz typisch für den demokratischen Staat“, schrieb im 5. Jahrhundert v. Chr. ein unbekannter Kritiker dieses Systems: „Die Reichen müssen blechen, bis sie arm sind, damit das Volk sich angenehm unterhält.“ Für ihre Unterhaltung bekamen die Bürger Athens sogar noch Geld bezahlt: Die Staatskasse ersetzte nämlich den Verdienstausfall, der ihnen durch den Theaterbesuch entstand.

Jedes Jahr gingen drei Tragödien- und fünf Komödiendichter an den Start und kämpften um den Siegespreis, denn auch im Theater herrschte der Wettbewerb. Damit die Konkurrenten gleiche Chancen hatten, wurde durch das Los bestimmt, in welcher Reihenfolge sie Musiker und Tanzmeister verpflichten durften. Für die Inszenierung waren die Dichter selbst zuständig; sie konnten aber, wenn sie keine Lust oder kein Talent dazu hatten, Profis damit beauftragen.

Deus ex machina

Die antiken Theaterleute setzten auch manchmal technische Hilfsmittel ein, um bestimmte Wirkungen zu erreichen. Besonders beliebt war eine Art Kran, mit dessen Hilfe Schauspieler, die Götter darstellten, auf die Bühne „geflogen“ kamen. Dieses Kunstgriffs bedienten sich die Tragödiendichter, um dem Geschehen eine für die Zuschauer überraschende Wendung zu geben. Darum spricht man noch heute vom „Gott aus der Maschine“, der meist am Ende der Tragödien erschien.

Musik und Tanz

Die wenigen erhaltenen Dramen der alten Griechen liegen uns heute nur noch als Textbücher vor. Das ist bei Stücken von Goethe und Schiller nicht anders – nur haben diese und viele andere Dichter von vornherein für das Sprechtheater geschrieben, während aus dem griechischen Theater Musik und Tanz nicht wegzudenken sind. Da wurden Arien geschmettert, Chöre dröhnten zur Flötenbegleitung, Männer imitierten Frauenstimmen und außerdem wurde mit südländischem Temperament getanzt!

Griechen an Indiens Grenzen

Der Kuhkopf

Als Alexander noch ein Junge war, wurde seinem Vater ein Pferd zum Kauf angeboten, das weder hübsch aussah – wegen seiner seltsamen Schädelform hieß es Kuhkopf – noch einen Reiter dulden wollte. Alexander, der bemerkt hatte, dass „Kuhkopf" vor seinem eigenen Schatten scheute, führte das Tier der Sonne entgegen, sprach ihm beruhigend zu, schwang sich plötzlich auf seinen Rücken – und blieb oben! König Philipp war beeindruckt: „Mein Sohn", meinte er, „du wirst dir ein neues Königreich suchen müssen. Makedonien ist für dich zu klein."

Was wurde aus Griechenland nach dem großen Krieg?

Nach ihrem Sieg über Athen (siehe Seite 35) hielten sich die Spartaner wieder für die Größten und führten sich entsprechend auf. Bald aber scheiterte ihr Versuch, die anderen Griechenstädte zu unterdrücken: Die scheinbar unbezwinglichen Krieger wurden vom Heer der Böotier in zwei Schlachten besiegt! Die Überraschung in ganz Griechenland war gewaltig. Die Böotier galten nämlich als ziemlich dumm und man beschimpfte sie allgemein als „böotische Säue".

Allerdings war es auch mit ihrer Herrlichkeit bald vorüber, sobald der Feldherr fiel, dem sie ihre Siege verdankten. Danach war Griechenland nichts weiter als ein Haufen schwacher, streitsüchtiger Kleinstaaten, eine leichte Beute für jeden entschlossenen Eroberer – zum Beispiel für den Perserkönig. Wäre damals, um 350 v. Chr., ein Prophet aufgetreten und hätte verkündet, dass in weniger als zwanzig Jahren das mächtige Perserreich am Boden liegen werde, besiegt von den Griechen, dann hätten die Leute ihn schallend ausgelacht.

Alexander auf „Kuhkopf"

Die beiden Männer, die das Unmögliche schafften, waren in den Augen „echter" Griechen gar keine rechten Griechen, sondern halbe Barbaren: Philipp, der König von Makedonien, und sein Sohn Alexander. Dessen Mutter Olympias stammte aus einem noch entlegeneren Winkel der Welt, aus dem Molosserland, und war wegen ihrer unbändigen Herrschsucht und wilden Leidenschaft sogar dem eigenen Mann unheimlich.

Wer half den Griechen wieder auf die Beine?

Als Philipp den Griechen seine Vorherrschaft aufzwingen wollte, stieß er auf heftigen, am Ende aber vergeblichen Widerstand. Auch gegen seinen Sohn und Nachfolger rebellierten die freiheitsliebenden Hellenen, für die das Wort „König" ein Schimpfwort war. Alexander aber unterdrückte die Rebellion mit brutaler Härte und ließ die Stadt Theben dem Erdboden gleichmachen.

Nur das Haus des Dichters Pindar blieb verschont, weil Alexander dessen Werke schätzte. Er war nämlich ein hochgebildeter junger Mann, erzogen von Aristoteles, dem berühmtesten Gelehrten jener Zeit, und nichts weniger als ein „Barbar", trotz seiner manchmal barbarischen Härte. Auch im Sport konnte ihm so leicht niemand etwas vormachen, und außerdem war er, was bei Griechen viel zählte, ungewöhnlich schön.

Alexander gelang es, das widerspenstige Hellas zu bändigen und für ein großes Unternehmen zu gewinnen: Die Perser sollten endlich

Olympias, Alexanders Mutter

Das Mosaik aus dem 1. Jahrhundert v. Chr. zeigt Alexander den Großen (ganz links im Bild) und Darius III. (auf dem Streitwagen) in der Schlacht bei Issos, die 333 v. Chr. stattfand.

Der Räuber

Einen gefangenen Seeräuber schrie Alexander an: „Was fällt dir ein, das Meer unsicher zu machen?“ „Nichts anderes als dir“, entgegnete der Mann. „Aber weil du mit einer ganzen Flotte kommst, nennt man dich einen großen Eroberer. Mich, der ich mit einem einzigen Schiff ausfahre, beschimpft man als Räuber.“

dafür büßen, dass sie vor rund 150 Jahren Athens Tempel niedergebrannt hatten. Ja, wenn man danach sucht, lässt sich immer ein Kriegsgrund finden!

Wie konnte Alexander das mächtige Perserreich bezwingen?

Die Heere, die der Perserkönig Dareios dem makedonisch-griechischen Aufgebot entgegenstellte, waren riesig und die Mittel, die ihm zur Verfügung standen, schier unerschöpflich. Trotzdem wurde er mehrmals geschlagen, weil er nicht so stählerne Nerven hatte wie Alexander. In der ersten großen Schlacht, die sich Generationen von Schülern mit dem Vers „Drei, drei, drei – bei Issos Keilerei” gemerkt haben, bei Issos also im Jahre 333 v. Chr., hatten die gepanzerten Reiter der Perser den einen Heeresflügel der Makedonen bereits überrannt. Griechische Söldner, die um Geld für jeden kämpften, sogar für den Perserkönig, hatten die makedonische Front durchbrochen und tobten sich unter den verhassten Halbbarbaren aus – da stürzte sich Alexander an der Spitze seiner besten Reiter ins Zentrum der Feinde, das der König von einem Wagen aus befehligte. Als Dareios seinen jugendlich-wilden Gegner so heranstürmen sah, packte ihn ein furchtbarer Schreck: Er ergriff die Flucht und verlor damit den schon fast sicheren Sieg.

Ähnlich tollkühn entschied Alexander zwei Jahre später die Entscheidungsschlacht bei Gaugamela für sich – gegen ein sechsfach überlegenes Heer der Perser! Zwischendurch hatte er die Seefestung Tyros nach monatelanger Belagerung und, ohne besondere Mühe, Ägypten erobert. Danach stieß er bis ins heutige Afghanistan und Pakistan vor und wäre kämpfend und erobernd weitergezogen, wenn seine Soldaten nicht das ewige Marschieren satt gehabt hätten. Sie meuterten und zwangen ihn umzukehren.

König Philipp, Alexanders Vater

Welche Pläne hatte Alexander?

„Aufgeschoben ist nicht aufgehoben“, dachte sich Alexander, „ich werde mir die Welt von ihrem einen Ende bis zum andern noch unterwerfen.“ Um dieses ehrgeizige Ziel zu erreichen, musste er Ruhe in dem eroberten Riesenreich schaffen, indem er Sieger und Besiegte versöhnte. Darum veranlasste er seine Soldaten, persische Mädchen zu heiraten, und nahm seinerseits eine reizvolle Orientalin zur Frau. Zum Ärger seiner alten Kampfgefährten wurde er nun selbst immer mehr zum Orientalen: Er kleidete sich wie ein Perser und verlangte, dass man sich zum Zeichen der Ehrerbietung vor ihm auf den Boden warf. Diese für Makedonen und Griechen unzumutbare Forderung hatte mehrere Verschwörungen zur Folge, die zum Glück für Alexander entdeckt wurden.

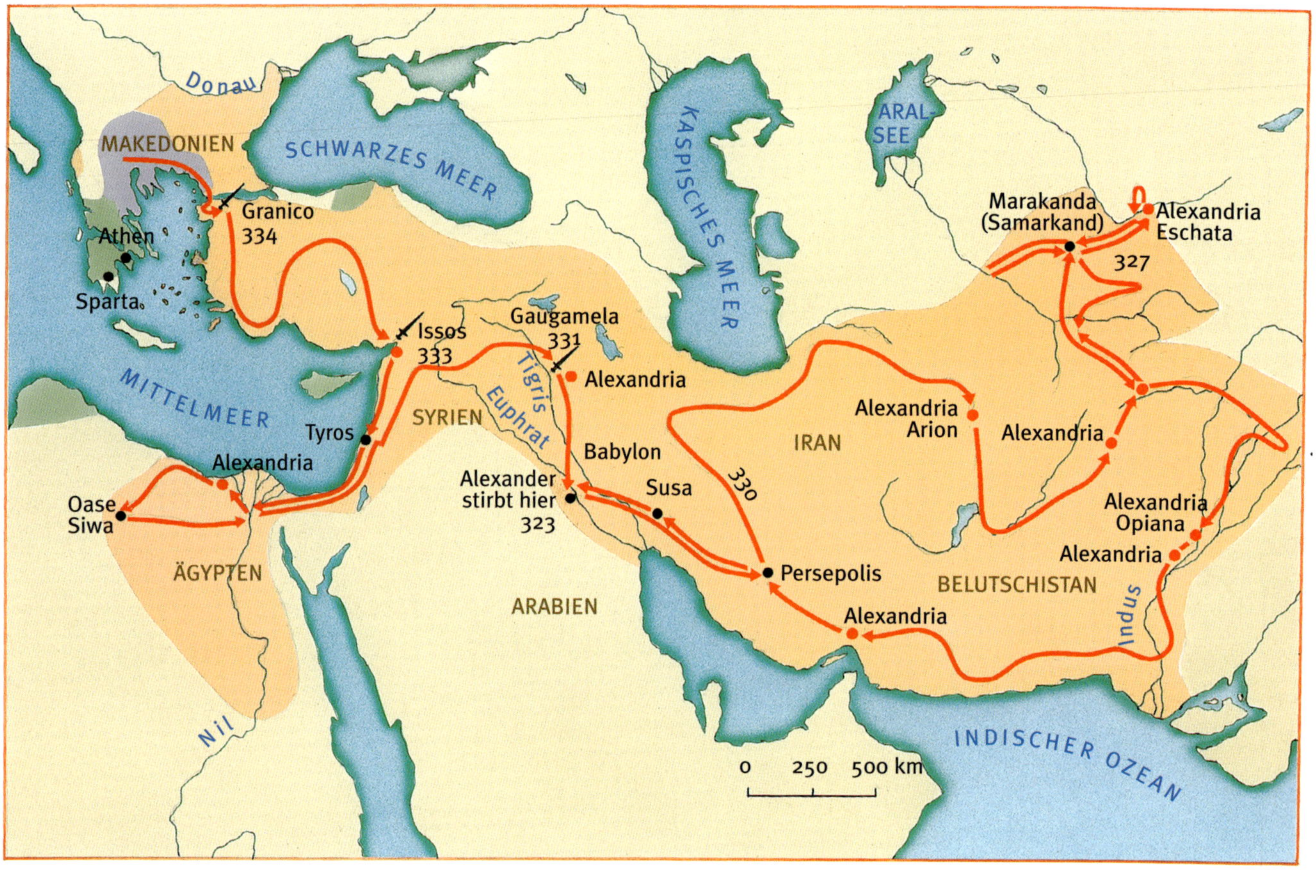

Der Feldzug, den Alexander 334 v. Chr. begann und 11 Jahre später beendete, ist auf dieser Karte nachgezeichnet.

Hauptschlachten

Makedonien 336 v. Chr.

Alexanders Reich

Alexanders Verbündete

Alexanders Feldzug 334 – 223 v. Chr.

von Alexander gegründete Städte

Im Glauben, ein Liebling der Götter, ja ein Göttersohn und wohl gar unsterblich zu sein, feierte er ohne Rücksicht auf seine Gesundheit mit seinen Freunden rauschende Feste und ließ sie die Strapazen des langen Feldzugs vergessen. Zugleich plante er die nächsten Kriege: Karthago, die reiche Handelsstadt im Westen, sollte unterworfen werden, dazu ganz Nordafrika, Italien, Spanien. Aber daraus wurde nichts: Alexander starb, kaum 33 Jahre alt.

Was blieb vom Alexanderreich?

Das gewaltige Reich, das Alexander in nur zehn Jahren erobert hatte, fiel nach seinem Tod auseinander, aber es fiel nicht in die früheren Verhältnisse zurück. Herrscher der Teilreiche waren ehemalige Vertraute Alexanders, meist Makedonen. In den vielen Städten, die Alexander gegründet hatte, stellten von ihm entlassene Soldaten einen großen Teil der Bevölkerung und gaben den Ton an – auf Griechisch, wie alle anderen, die etwas zu sagen hatten, z. B. die königlichen Beamten, Steuereinnehmer, Stadträte.

Darum lernten auch die Untertanen, die Perser, Ägypter, Syrer, Babylonier usw., sich auf Griechisch zu verständigen, und schickten ihre Kinder zu griechischen Lehrern.

In wenigen Jahrzehnten wurde das Griechische zu einer Weltsprache, genau wie heute das Englische. Von Spanien bis an die Grenzen Indiens war es unangefochten die Sprache der Händler, der Politiker und der Gelehrten.

Was hatte die Wissenschaft vom Alexanderzug?

Für Forscher und Gelehrte waren Alexanders Unternehmungen ein Glücksfall, vor allem, weil er, der Schüler des Aristoteles, mehr war als nur ein Eroberer. Er ließ gewissenhaft die Strecken vermessen, die sein Heer zurücklegte, ließ Blätter, Blüten und Samen unbekannter Pflanzen, merkwürdige Steine sowie die Felle fremdartiger Tiere sammeln und schickte seinem Lehrer zwanzig große Kisten voll Raritäten. Seine Sekretäre notierten alles, was sie über die fremden Länder und Völker in Erfahrung bringen konnten; zum Beispiel, dass in Indien eine hohe Schilfstaude gedeiht, deren Saft süßer als Honig schmeckt. Die Rede ist vom Zuckerrohr.

Von der Mündung des Indus fuhr eine Flotte westwärts zum Persischen Golf. Ihr Kommandant, Nearchos, führte ein Tagebuch, in dem er unter anderem eine Begegnung mit Blauwalen beschrieb: „Während wir an der Küste entlangfuhren, sahen wir plötzlich gewaltige Wasserstrahlen senkrecht aus dem Meer steigen, gerade so, als würden sie von Blasebälgen unter kräftigem Druck hochgetrieben. Wir näherten uns vorsichtig und stellten fest, dass uns eine ganze Herde von Meerungeheuern entgegenkam. Entsetzt ließen die Matrosen dic Ruder fallen, denn sie fürchteten, dass die riesigen Tiere unsere Schiffe mit Mann und Maus verschlucken würden – die größten von ihnen waren nämlich an die vierzig Meter lang! Ich aber befahl, sie sollten geradewegs auf die Monster zufahren, mit den Rudern tüchtig auf das Wasser schlagen, möglichst laut schreien und die Kriegstrompeten blasen. Daraufhin tauchten die Ungeheuer weg und kamen erst weit hinter unseren Schiffen wieder zum Vorschein, wobei sie erneut hohe Wasserstrahlen in die Luft bliesen. Unsere Leute aber dankten den Göttern für die wunderbare Rettung und gratulierten mir zu meiner guten Idee."

Alexanderstädte

Alexander gründete viele Städte, die alle nach ihm benannt wurden. Solche Alexanderstädte gab es in Kleinasien, Persien und Syrien, am Indus, im heutigen Afghanistan, am Syr-Darja, der in den Aralsee mündet – jawohl, bis nach Usbekistan ist Alexander gekommen! – und in Ägypten. Von diesem ägyptischen Alexandria, der ersten Großstadt des Abendlands, wird im nächsten Kapitel noch ausführlich die Rede sein!

Der Gordische Knoten

In der kleinasiatischen Stadt Gordion sah Alexander den weltberühmten Wagen des Königs Midas mit seiner Verschnürung aus Kornelkirschenbast und hörte auch von einer alten Weissagung: Wer diese Knüpfung löse, werde über die bewohnte Erde herrschen. Alexander hielt sich nicht lange damit auf, die versteckten Enden der Baststränge zu suchen: Er zog sein Schwert und hieb den Knoten entzwei.

Legenden berichten, dass sich Alexander in einem gläsernen Gefäß ins Meer hinabließ, um die fremdartigen Wesen im Wasser zu beobachten (Illustration aus einer Handschrift aus dem 13. Jahrhundert).

Griechen am Nil

Wie lebte man in Alexandria?

Als nach Alexanders Tod sein Reich auseinander fiel, riss ein gewisser Ptolemaios die Macht in Ägypten an sich. Schön war er nicht, dieser erste Griechenkönig am Nil, aber tüchtig und wissbegierig. Er gründete in Alexandria die größte Bibliothek der alten Welt und das Museion, eine Art Universität, an der die klügsten Köpfe seiner Zeit als Forscher und Lehrer tätig waren. Sein Sohn und Nachfolger, Ptolemaios II., interessierte sich besonders für Naturwissenschaft. Darum legte er einen regelrechten Zoo an, in dem es sogar einen Eisbären gegeben haben soll. Wer den nach Ägypten gebracht hat, wissen wir nicht; sicher aber ist, dass es ihm in dem heißen Land nicht gefallen hat.

Auch die Menschen in Alexandria – es waren mehrere Hunderttausend – fühlten sich nicht eben glücklich, obwohl es ihnen keineswegs schlecht ging – im Gegenteil: Wer nicht gerade auf den Kopf gefallen war, konnte in dieser Stadt rasch reich werden, denn sie war der wichtigste Handelshafen im ganzen Mittelmeerraum.

Hierher brachten Kamelkarawanen die Schätze des „glücklichen Arabien", vor allem Gewürze und Weihrauch; hier landeten Schiffe aus aller Welt, sogar aus Indien – es gab nämlich einen Kanal, der das Mittelmeer mit dem Roten Meer verband. Überreich war das Angebot an Edelsteinen, Perlen, chinesischen Seidenstoffen, und genug Leute – allen voran der König - konnten sich solchen Luxus leisten, weil sie an der Ausfuhr von Getreide und Papyrus, dem wichtigsten Schreibmaterial, glänzend verdienten. Wirklich hart arbeiten mussten die einheimischen Bauern auf ihren Feldern im Niltal und die vielen Sklaven. Die freien Bürger dagegen hatten reichlich Freizeit, die irgendwie ausgefüllt werden musste. Da die meisten von ihnen lesen konnten, waren Bücher gefragt, besonders Liebes- und Abenteuerromane. Man ging ins Bad und ins Theater und konnte aus einem bunten Unterhaltungsangebot wählen, weil die Könige alles unternahmen, um die verwöhnten und oft aufmüpfigen Alexandriner durch die verschiedensten Spenden und Veranstaltungen bei Laune zu halten – zum Beispiel durch einen Festzug zu Ehren des Weingotts Dionysos. „Da rollen Wagen heran, schwer mit Wein beladen, den Schauspieler in

Alexandria trat das Erbe Athens als Zentrum der Mittelmeerwelt an. Über der Stadt thronte ein Weltwunder – der Pharos, der bis ins 14. Jahrhundert existierte.

König Ptolemaios I., der den Leuchtturm und das Museion von Alexandria erbauen ließ

der Maske von Satyrn freigebig verteilen. Bald erscheint der Gott selbst; zweihundert starke Männer ziehen seinen Wagen an langen Seilen, Elefanten und Panther folgen, eine Musikkapelle macht mit orientalischen Instrumenten einen Riesenkrach, denn schließlich ist Dionysos der Gott des Rausches und der ausgelassenen Freude."

Das beschauliche Dasein bedürfnisloser Hirten war Thema der Dichtung im naturfernen Stadtleben Alexandrias.

Alexander, der Pharao

In der ägyptischen Hauptstadt Memphis wurde Alexander als Pharao anerkannt. Mit nur 25 Jahren wurde er von einer der ältesten Zivilisationen der Welt als göttlich verehrt.

Wie kamen die Alexandriner zu ihrem schlechten Ruf?

Den Alexandrinern wurde also viel geboten. Trotzdem waren sie sehr unbequeme Untertanen und galten als aufsässig, verkommen, heimtückisch, feige und brutal. Das lag daran, dass auf engem Raum Menschen verschiedener Herkunft, Griechen und Ägypter, Juden und Syrer und Afrikaner zusammen lebten, was immer wieder Spannungen auslöste. Außerdem hielt sie die Stadt zwischen Meer und Wüste wie ein Käfig gefangen. Zwar gab es herrlich breite Straßen und ausgedehnte Parkanlagen und einen 1 300 m langen Damm, auf dem man zum berühmten Leuchtturm spazieren konnte, doch das alles wurde irgendwann langweilig. Die Leute sehnten sich nach so etwas wie Natur. Sie legten sich kleine Gärten an oder stellten Blumentöpfe auf, und wenn sie eine Grille oder Zikade erwischten, hielten sie das Tierchen in einem Binsenkörbchen und freuten sich an seinem Zirpen.

Auch die Dichter jener Zeit entdeckten ein neues Thema: Sie schwärmten vom einfachen Leben der Hirten in den Bergen Arkadiens. Das ist eine Landschaft im Süden Griechenlands; wer wollte, hätte hinfahren können. Aber die Dichter und ihre Leser blieben lieber in Alexandria.

Was weiß man von dem Leuchtturm?

Er wurde unter König Ptolemaios I. 285 v. Chr. erbaut, war über 100 m hoch, sein Licht konnte man bei Nacht 60 km weit sehen und er galt als eines der sieben „Weltwunder". Ein Wunder ist auch, dass er 1 500 Jahre stand – erst 1326 n. Chr. stürzte er ein. Nach der Insel, auf der er errichtet war, nannte man ihn ganz einfach „Pharos". Dieser Name hat den Turm überlebt: In den romanischen Sprachen treffen wir zum Beispiel auf *le phare* (französisch: Leuchtturm) oder auf *il faro* (italienisch: Leuchtturm, Scheinwerfer). Accendere *i fari*, Licht einschalten, kann man an Autobahntunnels in Italien lesen – der Baumeister des Pharos würde sich freuen, wenn er das sähe, und mit ihm die vielen Techniker und Erfinder, deren Namen heute nur noch wenige Fachleute kennen.

Zeittafel

Vorgeschichte

um 2000	Minoische Kultur auf Kreta und den Inseln
ab 1500	Die Achäer erobern Griechenland und Kreta
um 1200	Angeblicher Zeitpunkt des Krieges um Troja
um 1100	Beginn der dorischen Wanderung

Geschichtliche Zeit

um 800	Homer, der erste große Dichter der Griechen
um 600	Thales, der erste Philosoph
492-480	Perserkriege
477	Gründung des Seebunds durch die Athener
461-430	Perikles bestimmt die Politik Athens
431-404	Krieg zwischen Athen und Sparta
399	Tod des Sokrates
379-362	Theben steigt zur führenden Macht in Griechenland auf
360-336	Auseinandersetzungen der Griechen mit König Philipp von Makedonien
336-323	Alexander der Große
	Nach Alexanders Tod zerfiel sein Reich in mehrere Staaten, die nach und nach von den Römern erobert wurden.

Was wurde im Museion erforscht und erfunden?

Dabei haben die Männer vom Museion, der Universität von Alexandria, tolle Dinge herausgefunden. Aristarch von Samos erkannte, dass sich die Erde um die Sonne dreht; Eratosthenes berechnete den Erdumfang auf 252 000 Stadien. Ein Stadion entspricht etwa 180 m. Es kommt somit etwas mehr heraus als 40 000 km. Trotzdem ist das Ergebnis beeindruckend nahe an der Wirklichkeit.

Ärzte führten Sektionen an lebenden Menschen durch. Es handelte sich um zum Tod verurteilte Verbrecher. Sie erkannten das Gehirn – nicht das Herz, wie Aristoteles gelehrt hatte – als Sitz des Geistes.

Physiker entwickelten Maschinen zum Heben schwerer Lasten; auch der Dampfantrieb wurde in Alexandria erfunden, doch scheint man ihn nur verwendet zu haben, um Figuren eines Puppentheaters zu bewegen. Eher spielerisch benutzt wurde auch eine Art Gummimotor, der ein Flugmodell, eine hölzerne Taube, durch die Luft flattern ließ.

Große Fortschritte erzielten die Alexandriner Gelehrten vor allem in der Mathematik, der Astronomie und der Sprachwissenschaft. Wäre es nur auf sie angekommen, dann hätte in Alexandria schon vor mehr als 2 000 Jahren die „Neuzeit“ beginnen können. Aber da gab es ein Volk, das vom Krieg mehr verstand als von den Wissenschaften, ein Volk, das die Königreiche des Ostens nach und nach eroberte und nach allen Regeln der Kunst ausplünderte. „Römer“ hießen diese Leute; für die Griechen waren sie Barbaren.

Museion nannte man jeden Ort, wo die neun göttlichen Musen verehrt wurden, zum Beispiel eine Höhle oder einen Berggipfel, aber auch Feste zu Ehren der Musen, wie die Schulen sie feierten, und schließlich die Schulen selbst. Das berühmteste Museion der griechischen Welt befand sich in Alexandria. Die Gelehrten, die dort unterrichteten, forschten und die riesige Bibliothek betreuten, wurden aus der königlichen Kasse bezahlt. Dieses Museion hatte viel Ähnlichkeit mit einer modernen Universität.

Die Reihe wird fortgesetzt